시 보다 2025

시 보다 2025

펴낸날	2025년 9월 30일
지은이	구윤재 김복희 김선오 문보영 신이인 유선혜 이실비 한여진
펴낸이	이광호
주간	이근혜
편집	유하은 김다연 김필균 허단 윤소진 조아혜 최은지
마케팅	이가은 허황 최지애 남미리 맹정현
제작	강병석
펴낸곳	㈜문학과지성사
등록번호	제1993-000098호
주소	04034 서울 마포구 잔다리로7길 18(서교동 377-20)
전화	02) 338-7224
팩스	02) 323-4180(편집) / 02) 338-7221(영업)
대표메일	moonji@moonji.com
저작권 문의	copyright@moonji.com
홈페이지	www.moonji.com

ⓒ 구윤재 김복희 김선오 문보영
신이인 유선혜 이실비 한여진, 2025. Printed in Seoul, Korea

ISBN 978-89-320-4458-3 03810

이 책의 판권은 지은이와 ㈜문학과지성사에 있습니다.
양측의 서면 동의 없는 무단 전재 및 복제를 금합니다.

시 보다 2025

구윤재	김복희
김선오	문보영
신이인	유선혜
이실비	한여진

문학과지성사

차례

구윤재 다락의 노미 11
  모루와 노루 13
  겨울은 양쪽에서 온다 15
  티피 18

  시작 노트 | 빛 부스러기 21
  추천의 말 24

김복희 보조 영혼 29
  요정의 마당 32
  사람의 딸 35
  새 입장 37

  시작 노트 | 쓰기란 얼마나 자연스러운 일인가 39
  추천의 말 42

김선오　　영원과 에러　49

　　　　　무빙 이미지—그리고 백 개의 휘어짐　56

　　　　　픽셀들　60

　　　　　불결한 무無　64

　　　　　시작 노트 | 복원　68
　　　　　추천의 말　72

문보영　　너에게 수상함이 없었다면 너를 좋아하기
　　　　　힘들었을 거야　77

　　　　　너의 바보에서 떠나 나의 바보로 간다　80

　　　　　그런 힘은 존재하지 않는 시간인걸　82

　　　　　말하는 것이었는데　84

　　　　　시작 노트 | 그들의 마음　87
　　　　　추천의 말　90

신이인 새 97

    꿈의 옷 99

    뱀 101

    사치 103

    시작 노트 | 쓰는 사람 105
    추천의 말 110

유선혜 모텔과 인간 117

    모텔과 리모컨 120

    모텔과 변기 123

    가챠 갸루 126

    시작 노트 | 망한 노트 건디기 130
    추천의 말 133

이실비	택시 139
	별장 145
	귀와 종 149
	칠 155

시작 노트 | 고막에서 시작되는 바느질   158
추천의 말   162

한여진	바람은 높은 곳에서 낮은 곳으로 흐르고
	사람은 169
	사운드트랙 171
	작은 인간들의 무덤 176
	환대 178

시작 노트 | 아무도 보이지 않지만 낮은 휘파람이
　　　　　　들려오는 유치원   180
추천의 말   184

기획의 말   188

구윤재
_____

2024년 문학과사회 신인문학상을 통해 작품 활동을 시작했다.

다락의 노미

 노미는 할머니였다 할머니가 된 노미를 모두 어려워했다 노미는 여전히 노미일 뿐인데 노미는 자신에게 연결된 투명한 줄을 잡았다가 놓았다 노미가 장난을 치면 모두 난감해하네 그래서 노미는 슬퍼 노미는 쓸쓸해 나는 노미의 곁에서 노미의 손을 잡았다가 놓쳤다 노미의 손은 차갑고 노미의 손은 돌아가지 않는 문손잡이구나 노미는 여전히 궁금한 게 많은 노미일 뿐인데 아무도 노미의 궁금함에 귀 기울이지 않고 그저 노미에게 건강하라고 건강하라고 투명한 줄을 노미에게서 빼앗으며 이제 노미는 건강할 수 없는 노미구나 그렇게 노미는 상자가 된다 나는 상자가 된 노미를 품에 안고 놓지를 않았는데 어느 날 잊어버렸고 잊어버렸다는 사실까지 잊어버렸고 노미는 다락방의 노미가 되어 여전히 투명한 줄을 길게 늘였다가 놓는 장난을 치고 있을지도 모르는데 내가 노미를 발견한 날엔 비가 쏟아지고 있었지 나는 습기 찬 다락방에서 쭈글쭈글 우거진 노미를 본다 보고서야 내가 너무 오래 노미를 잊고 살았구나 노미를 만지면 노미는 차갑고 노미는 축축해 나는 드라이기를 길게 늘여 노미의 머리카락을 말려준다 말릴수록 상자에 주름이 지고 노미가 하얗게 바래가는 것을 막을 수가 없다 노미는 뭐가 좋은지 낮게 흥얼흥얼 노미야 그건 무슨 노래야? 바람 사이로 질문이 흘러가면 노미가 몸을 열어 이야기를 들려준다 내가 더 많은 이야기를 갖게 될수록 노미의 몸이 가벼워진다는 걸 노미는 알고 있을까 바삭 마른 노미는 이제 더 말릴 것이 없구나 가벼워진 노미가 숨을 늘였다가 놓는다 하여간 못 말리는 노미 나는 노미가 짓궂을 기회를 더 많이 주고 싶다 노미는 단정하게 닫혀 있다

모루와 노루

 모르는 노루와 걷는다 모루와 노루는 아이의 이름이다 모루와 노루는 걷는데 이 걸음은 어디까지 이어지는 걸음이야? 모루와 노루는 걷고 때로는 달리는데 다시 걷기 위해 달린다 모루와 노루는 걷고 때로는 달리고 최고의 속도는 최대치의 느긋함을 위한 숨소리이고 모루는 어디로 가는지 알까 노루는 궁금해 하지만 사족 보행을 하는 노루이고 모루는 노루는 왜 저럴까 하지만 같이 걷는데 왜 걷느냐고 한다면 도달하기 위해 걷는 것은 아니고 걷다 보면 태초의 상태에 다다를지 모른다는 믿음으로 왜 같이, 궁금하다면 손등을 뒤집어봐 손금이 보이지 않니 믿음으로밖에 말할 수 없는 어떤. 그러므로 모루와 노루는 아이의 이름으로 걷는다. 이곳은 숲에 가깝다고 볼 수 있다. 키를 한참 웃도는 나무로 빽빽하기 때문에 모루와 노루는 가끔 계곡에 얼굴을 넣고 쉬어간다 모루와 노루는 그런 아이들이었다. 쉴 새 없이 사라지는 얼굴을 가진 모루와 노루는 번갈아 얼굴을 집어넣고 모루는 구름 노루는 조약돌 노루는 구름 모루는 이끼 발끝은 허공에 맡기고 숲의 헤엄을 친다 숲의 헤엄을 치면서 모루와 노루는 구름의 리듬을 이해하고 하늘은 아무리 퍼덕여도 가닿을 수 없는 고공이구나 다이빙 주의 안개 주의 산불 주의 야생동물 주의 독사 주의 주의를 환기하는 주의 사항을 이해할수록 숲은 멀어지고 그림자가 헤엄치는 숲에서 나무의 꿈을 꾸고 숲에서 멀어질수록 오랫동안 숲속에 있었다는 걸 이해하게 되었으므로 모루와 노루는 언제까지고 자라지 않을 것 같아 오래전에 끝까지 가버렸으므로 그 숲에는 키를 웃도는 나무가 많았다 언제까지나 언제까지고 깨어나면 손은 늘 땀 찬 주먹이었는데 주먹을 펼치면 빛은 깨진 미래 모루와 노루는 그런 것까지도 다 알았다 알면서도 그랬다

겨울은 양쪽에서 온다

 왼쪽과 오른쪽에서 아이들이 동시에 뛰쳐나와 서로에게 뭉친 흰을 던지는 어느 오후 아직은 빛이 공평하게 아이들의 이마를 반짝이게 하는 오후 누군가 앉은 모양으로 흰이 사라진 벤치가 있는 운동장 끝과 끝에서 뛰어나온 아이들이 흰을 서로에게 던지고 웃고 다시 멀리 도망가는 그런 오후 왼쪽의 아이들과 오른쪽의 아이들이 가까워졌다가 다시 화면 바깥으로 사라지는 동안 이쪽과 저쪽으로 시소가 갸우뚱거리는 아름다운 겨울이 나오는 영화를 우리는 보고 있었다 난방이 되지 않아 두꺼운 이불로 각자의 몸을 감싸고 채 감싸지지 않은 발끝에 닿는 냉기를 모르는 체하면 빛과 함께 뛰어나오는 아이들 뛰어나왔다가 사라지고 다시 흰을 들고 나와 서로에게 던지고 웃고 머리에 흰을 묻힌 아이들이 넘어져도 다치지 않는 영화 보면서 저 아이들은 어떻게 자랐을까 내가 묻고 너는 그런 게 뭐가 중요해 이렇게 웃고 있는데 쟤네는 평생을 흰을 뭉치고 던진 기억으로 살지도 모른다고 아이들이 횐을 저렇게 부수고 있는데 아이들의 손에서 횐이 으깨지고 있는데 너는 그런 것은 중요하지 않다고 너 역시도 어린 날 상자를 주워 동네 형 누나 들과 내리막길을 몇 번이고 내려갔다가 올라온 기억이 있다고 온몸이 젖어도 하나도 춥지가 않았다 이상하지 그런 이야기를 하면서도 너의 눈은 아이들이 어디선가 가져온 횐을 끊임없이 서로에게 던지는 영화에 가 있고 그렇지만 잘 생각해봐 난방이 되지 않는 집에서 이불 하나를 나눠 덮으며 춥다는 생각을 하지 않기 위해 대사가 반박자씩 밀리는 영화를 볼 거라고 그때의 너는 생각조차 하지 못했잖아 대꾸하지 않고 횐을 본다 아이들의 발밑으로 횐이 쌓이고 쌓이는 것을 본다 아이들이 횐을 데리고 오는 화면 바깥이 얼마나 지저분한 흙으로 엉켜 있을지 그런 것은 나오지 않는 횐의 영화 이 장면은 롱테이크로 찍었다고 한다 아이 중 한 명이 울어버려서 촬영이 중단되고 인근 운동장을 수색해 깨끗한 눈밭에서 다시 찍었다고 한다 운 아이가 어떤 아이일까 유심히 바라보려 할 때마다 사라지는 아이들 어느 나라에서 횐은 부정한 것을 쫓는 재료라던데 횐으로 무덤을 쌓아 올리는 저 아이들은 의심 없이 깨끗하게 자랐을지 모른다 그러나 그런 것은 너의 말대로 중요하지 않은지도 모르고 희미한 온기에 돌아보

구윤재

면 너는 흰을 안고 곤히 잠들어 있다 여전히 양쪽에서 아이들이 뛰쳐나오는데 지치지도 않고 흰을 던지는데 나는 너의 흰을 조금 뺏어 삐져나온 나의 발 위에 올린다 아이들이 깨뜨리기 위해 흰을 그러모으는 동안

티피[*]

티피,
부르면 총총총 걸어온다

끌어안는다
티피라고 부르면 반응하는 너를

티피는 명도에 차이가 있는 세 가지 갈색 털과 그것을 아우르는 하얀 털로 덮여 있다 티피는 눈이 절반만 녹은 운동장 같다 돌아보면 흙 발자국이 남는 티피 끌어안기 위해서는 먼저 자기 무게를 책임질 줄 알아야 한다 티피 부르면 제 몸보다 큰 공간을 가지고 오는 티피 품에 안는 순간 나는 진입한다 티피의 공간에

티피와 나는 누구의 방해도 받지 않고 티피에 머무른다 티피와 내가 티피 속에서 하는 일은 대체로 아무것도 하지 않기이다 미끄럽고 질척질척한 운동장에서 티피와

나는 멀리 보는 연습 한다 시선을 멀리 두면서 배우게 되었지 멀리가 그렇게 멀리 있지 않다는 것을 외계의 안녕을 비는 일이 발치로 날아온 공을 날려주는 행위와 다르지 않다는 것을

  이해했을 때 티피는 이미 눈으로 뒤덮여 있었다

  놀란 내가 눈을 쓸어내리자 눈 아래 어디에선가 티피가 기분 좋을 때 내는 고로롱 소리가 들렸다 티피야 그거 아니야 얼른 나와 말해도 좀처럼 티피를 찾을 수 없었지 눈을 덜어낼수록 멀어지는 티피의 몸처럼

  완전히 망연자실하여 주위를 둘러봐도 전부 하얀 이곳에서 어떻게 티피를 데리고 나갈 수 있을까 나는 티피가 좋아하는 간식으로 큰 원을 만든 뒤 그 안에 몸을 구긴 채 잠을 청했다 깨어났을 때 커다랗고 무거운 솜이불 아래서 티피를 꼭 안고 있기를 바라면서 그러나 티피, 넌 정말 못 말리는 평원이었지

  어느새 눈이 다 녹은 자리에서 티피를 부른다
  바람을 맞다 보면

알게 된다
멀리가 그렇게 멀리 있지 않다는 것을

눈이 녹은 자리에 빛이 고인다

쓰다듬으면
티피가 고로롱고로롱 기분 좋은 소리를 내는 것이 들린다

---

*   Tipi. 보금자리.

시작 노트

빛 부스러기

 부쩍 손에 거스러미가 인다. 벌써 서너 군데나. 거스러미가 일면 무의식중에 거스러미를 살짝씩 만지게 되는데 그러다 어떤 것은 가볍게 벗겨지고 어떤 것은 아픈 거스러미가 되어 피가 조금 고이고 주변이 빨갛게 붓는다. 그런데 거스러미가 일면 어릴 때 생각이 나고 더 정확히 말하면 어린 내가 거스러미를 만지는 것을 보고 만지지 마! 말리던 목소리가 떠오른다. 그때는 어른의 목소리였겠지만 지금은 속에서 재생되는 목소리로, 내 것도 남의 것도 아닌 목소리가 되어 있다. 거스러미를 만질 때면 선풍기 앞에 앉아 대충 머리를 털며 한 손으로 거스러미를 만지는 내가 떠오르고 그런 나를 누군가가 단호하게 말리는 장면이 그려진다. 그러고 보면 일상을 보내다가 문득 예상치 못하게 장면이 들어오는 때가 있는 것 같다. 거스러미처럼. 벗겨질 것 같기도 아닐 것 같기도 한. 최근 숙모가 돌아가셨고 사정이 생겨 장례식장에 가지 못했다. 그러나 유난히 느린 신호등 앞에 설 때나 손가락을 뜯을 때 문득 숙모가 떠올랐다. 숙모를 마지막으로 뵌 것은 할머니의 장례식 때로 숙모 댁에서 며칠 신세를 졌는데 하루는 아침에 막걸리가 드시고 싶다고 했다. 상을 펴고 앉아 같이 술을 나눠 마셨다. 맛있어요. 내가 말하자 숙모는 개구쟁이처럼 웃으며 이 지역에서만 파는 막걸리라고 말했다. 그러고 보니 숙모는 웃을 때 코를 찡그리는 버릇이 있었던 것 같다. 아닐지도 모르지만. 그때나 지금이나 나는 술을 마시면 금방 잠들어버리고 숙모와 한두 잔 막걸리를 나눠 마시다가 몸이 노곤해져 아 졸리다, 뱉어버렸는데 모든 어른이 내 말을 듣고 하하하 웃었다. 영문을 모르고 기분이 좋아져 따라 웃었던 게 기억난다. 숙모를 생각하면 그 장면이 반복 재생 된다. 동그란 나무 잔에 막걸리를 주고받으며 조금씩 홀짝댔던 것. 어른에게 술을 따르는 일에 조금 긴장했던 것. 그리고 졸리다와 와하하. 그러다 보면 왠지 모르게 할머니 생각으로 이어지는데 어릴 적 할머니 댁에 며칠 머무르고 집으로 돌아왔을 때 가방에서 할머니 냄새가 났던 게 기억난다. 열한 살 여자아이가 차가운 바닥에 앉아 빨간 물방울무늬 크로스 백에 얼굴을 넣고 냄새를 맡는 장면이 재생된다. 이제는 숙모도 할머니도 볼 수가 없고 장면이 이렇게 선명한데, 그들을 더는 마주할 수 없다는 게 믿기지 않는다. 장면 속에서 다들 각자의 역할을 하고 있는데. 막걸리가 마시고 싶다 말하고 코를 찡그리며 웃고 술을 마시다 잠투정하는 아이를 보며 소리 내어 웃고 있는데. 누군가를 기리는 일은 아주 선명한 장면을 손에 쥐는 일인지도 몰라. 볼 수 없는 누군가가 떠오를 때면 아주 오랜 잠에 들었다가 깨어난 것 같다. 너무 멀리 와버린 것 같다. 가

끔은 언제까지고 깨고 싶지 않을 때가 있다. 언제까지나 객석을 지키고 싶을 때가. 나는 관계자가 와서 나를 쫓아낼까 봐 스스로 상연하기로 했다. 스크린이 되기로 했다. 빛과 어둠의 교집합으로 몸 두기. 거리를 걷다 보면 마주치는, 멍하게 앞을 바라보는 사람도 무언가를 상연 중인지도 몰라. 왜 늘 다 지나가버린 것에 대해서만 이야기할 수 있는 걸까? 그런데 계속 상연되는 기억을 지나가버렸다고 이야기해도 되는 걸까? 실은 모두가 숨은 배우라서 장면을 떠올릴 때마다 이제 저희 차례네요, 말하며 가볍게 몸을 풀고 행동을 반복하는 것이 아닐까? 그렇다면 몸 플레이그라운드. 몸을 내주고 싶다. 그들이 몸소 생각하고 행할 수 있게끔. 거스러미는 그 증거인지도 모르지. 내 생각엔 그런 것 같다.

추천의 말

강동호
구윤재는 마치 영화의 롱테이크 기법처럼 눈앞의 세계를 절제된 시선으로 오래 응시하면서, 멀리 있는 세계에 대한 낯선 기억과 풍경을 불현듯 불러온다. '노미' '모루' '노루' '티피' 등 호출되는 이름들은 주체와 세계 사이의 미세한 틈을 열어젖히며 그간 들리지 않던 소리와 숨겨진 감각을 되살리는 시적 매개이다. "아무것도 하지 않기" "멀리 보는 연습"(「티피」) 같은 태도 속에서 상연되는 그의 시적 시퀀스는, 가까이 있으면서도 멀리 감각되는 세계의 매혹적인 리듬을 우리 앞에 펼쳐 보인다.

오은
구윤재의 시를 읽으며 스타일에 대해 떠올렸다. 구윤재가 구축하고 있는 스타일. 그것을 '방식'으로 보자면 들려주기일 것이고 '특질'로 이야기하자면 그 중심에 다정함이 있을 것이다. 다정하게 들려주는 사람 앞에서는 나도 모르게 순한 양처럼 귀 기울이게 된다. 다음 장면에 무엇이 등장할지 기민히 상상하게 되고 무엇이 실제로 나타나든 선선히 고개를 끄덕이게 된다. 다정함은 고유한 리듬을 동력으로 발산되는데, "대사가 반박자씩 밀리는"(「겨울은 양쪽에서 온다」) 장면에서조차 그것을 묘사하는 문장은 반박자씩 빠른 호흡을 지닌다. 그 리듬 속에서 함께 춤추다 마지막 장면에 다다르면 다음 음악이 흘러나오길 기다리는 사람처럼 얼마간 부끄럽고 간절해진다. 그의 시를 읽고, 다정함은 생래적으로 슬픔을 품고 있다고 생각했다. 정이 많아지면 슬픔도 늘어나는 법이니까.

이수명

언어에도 순도純度라는 것이 있을까. 언어는 다소 탁하고 무감각한 기호들로 이루어진 것이 아닐까. 무표정하고 산란한 언어에서 순수한 소리를 벼려내는 것이 구윤재의 시다. 순수한 소리라는 표현이 정확한지는 모르겠으나, 그의 시는 소리에 의미가 붙었다 떨어졌다 하는, 의미와의 접착 면이 노정된 언어로 구성되어 있다. '노미' '모루' '노루' '휜' '티피'와 같은 말들을 발음하면 마치 언어가 최초에 존재했던 순수 상태를 획득하고야 만 듯한 기쁨에 도달한다. 언어의 기쁨이다. 이 순도 높은 언어는 "다락의 노미"(「다락의 노미」)나 아이들이 서로 던지는 "휜"(「겨울은 양쪽에서 온다」), "티피의 공간"(「티피」) 등 입체적 이미지 안에서 움직이며 생명을 얻는다.

조연정

과거를 돌아보는 현재의 시선에는 언제나 그리움과 슬픔이 놓인다. 아무리 선명한 장면이라 한들 기억이라는 '상연'이 끝나면 과거는 사라질 것이기 때문에 그립고, 스크린 속 과거의 '나'는 아무것도 모르는 채로 지금의 '나'가 될 것이기 때문에 슬프다. "왜 늘 다 지나가버린 것에 대해서만 이야기할 수 있는 걸까?"(시작 노트 「빛 부스러기」) 하고 묻는 구윤재는 이러한 그리움과 슬픔의 감정을 가장 무해한 형태로 그려낸다. 그 무해함은 시적 대상에 자신만의 새로운 이름을 붙여보는 무구한 마음과 통한다.

하재연
구윤재의 시에 나타나는 성장 서사 속에서 과거와 미래는 현재와 나란히 달린다. 아이였던 '나'와 '나' 안의 아이들, '나' 바깥의 아이들과 미래의 할머니들이 조우하고 대화한다. 그러므로 이들의 대화는 꿈의 운동장에서 벌어지고 상상의 스크린에서 펼쳐지는 것 같다. '클라인의 병'과 같은 곡면의 세계에서 닫혔던 과거가 열리고, 아이와 할머니 들은 새롭게 자란다. 시 속에서 상연되는 새로운 성장의 장면들이 지극히 섬세하고 아름다운 까닭은, 시인이 차근차근 언어로 쌓아 올린 시공간에서 최대한 가까우면서도 가능한 한 먼 자리에 서 있기 때문이다. 불가능한 것처럼 보이는 이 시적 상연은, 희고 빛나는 시의 무대 위에서 삶을 얻고 지속할 존재들에 대한 사랑과 이해의 의지 속에서 탄생한다.

김복희

2015년 『한국일보』 신춘문예를 통해 작품 활동을 시작했다.
시집 『내가 사랑하는 나의 새 인간』 『희망은 사랑을 한다』
『스미기에 좋지』 『보조 영혼』 등이 있다.
2024년 현대문학상을 수상했다.

보조 영혼

주인님이 있는 삶은 보람차고
사무치고 사납다

주인님이 있는 삶은 흰 장갑과
흰 앞치마와
깨끗한 소맷부리로 이루어져야 할 것 같은데
집사인지 메이드인지 이건 너무 서양식이잖냐

역시 주인님이라는 말이 문제다
다시

섬기는 이가 있는 삶은 보람차고
사무치고 사납다

섬기는 이가 있는 삶은 거친 갈옷과
맨발과 떫고 신 열매로 이루어져야 할 것 같은데

이건 너무 종교적이잖냐

역시 섬기는 이라는 말이 문제다
다시

나는 마트에 가서 열매들을 본다
백화점 지하에도 가고 시장도 가서 본다
열매를 매만지고
친구를 조금씩 만난다
한 명 한 명을 평생 걸쳐 조금씩 나눠 만난다

보조 영혼이 다가와 이렇게 하라고
저렇게 하라고 일러준다
그러면 어떻게든 한다 몇 번이고 계속 다시 해낸다

친구들 옆에도 보조 영혼이 있다
있겠지!
보조 영혼들끼리 다과상을 차려 하하 호호 웃으며
주인님과 섬기는 이와 열매에 대해 이야기한다

없는 자리에선 나라님도 욕한다는데!

어떻게 열매 가득한 형상을 무시할까
아름다운 꿈을 이해하며 계속 상처받는다

요정의 마당

한 뼘을 두고 마당이라고 하려면
한 뼘보다 작은 창문 있는 집
한 뼘을 두를 만치 울타리
손톱만 한 사람
손톱보다 작은 빗자루가
필요하다

요정의 보폭
요정이 걸어올 길
요정의 없는 마당이 근심이다

요정의 발자국 생길 리 없대도
마당은 있어야지
우리에게 올려다볼 하늘이 필요하듯이

틈틈이 남의 집 앞 한 보 걸어보며

둘러보는 것
마당 쓰는 사람이
마당 쓰는 소리를
묘사하는 것

삭삭
슥슥
말고

눈 위로 내리는
빗소리 같다고 하는 것
잠결 창턱에 걸리는 빗소리 같다고 하는 것

자러 가던 요정이 유리창을
스치듯
순식간에

나는 그것을
요정의 살짝 휜 척추
라고

후 길게
불어
거기 없음 확인할 것이다

요정의 마당
눈부터 내려 쌓일 수 있다고
적어둔다

사람의 딸

나는 나를 돕지 않을 신에게 기도한다
나를 여자라고 칭하면, 조금 더 진실에 가까워진 느낌이 들까

몸을 모아 가져가면
전부 오염된 증거이므로 무용하다고 한다
형사의 손에 들린 커피
바닥에 쏟아진 커피
형사에게 커피가 없었던 때에도
사람은 사람을 죽이고 시체는 썩는다

시간이 흘러간다는 것을 피부로 머리칼로 느끼면
포기가 아니라 사랑을 알게 될까
예수나 부처의 제자 중에서도
이름 없는 말단의 말단의 말단의 제자 된 자라도
붙잡고

이 몸을 어떻게 하면 좋겠느냐고 묻고 싶다

형사는 일단 집에 가서 깨끗이 씻고 자고 먹으라고
한다 주량이 얼마나 되느냔 질문을 들었다
단위를 묻지 못해서 답하지 못했다
내가 입을 다물고 있자 형사가 덧붙인다
나중에 뭔가 찾으면 연락을 하라고
나중에 도움 주겠다고

새 입장

 대한민국에 사는 희망은 키가 작다. 발이 작다. 손이 작다. 그래도 성인용 속옷을 입는다. 어느 날 희망은 자신의 몸이 커졌다 생각했다. 희망이 발을 쿵 구르자 현관 계단이 와르르 무너졌기 때문에, 희망은 드디어 내가 소인국에 왔군 올 곳에 오고야 말았어 흥분했다. 허물을 벗은 후 더 아름다운 뱀 더 커다란 뱀 태어나므로 희망은 두 발을 쾅쾅 구르며 계단을 완전히 부수고 허물을 부숴버리기 시작했다.

 희망의 수화물에서 찾아낼 것들, 뾰족한 것, 날카로운 것, 폭발하는 것, 흔들리는 것, 살아 있는 것, 자라날지도 모르는 것. 새를 그려 넣은 것, 뱀을 그려 넣은 것, 죽음 근처에 엉켜 있는 것, 그것들 중 일부는 소시지, 곰팡이, 번데기, 씨앗으로 보인다. 다 빼앗겨도 별수 없는 것. 그러나 희망은 웃는다. 희망, 혼자라면 맨몸으로 날아갈 수도 있었으나, 희망, 에밀리 디킨슨식으로 거친 폭풍우 속

에서도 누군가는 희망, 울음소리를 반드시 알아듣게 하려고, 희망,
   수화물을 따로 부치고 사람들 사이로 돌아온다.
   더 커질 것을 알기에 더 커져도 되는 곳, 희망에게
   작은 손 작은 발의 소인들 더 작아져도 되는 곳,
   희망에게

시작 노트

쓰기란 얼마나 자연스러운 일인가

 남자가 울고 있다. 저 남자가 울고 있다. 저 남자가 소리 없이 눈물을 흘리고 있다. 저 남자의 볼이 그 자신의 손으로 가린 곳을 지나 다 젖고 있다. 여기까지 씁니다. 하나의 문장을 여러 번 다시 씁니다. 눈으로 보면서 머리로 문장을 만듭니다. 누구라도 쓸 법한 문장을 떠올립니다. 관찰한다는 것. 쓴다는 것. 표면을 샅샅이 샅샅이 눈으로 생각으로 매만지는 것. 만약 지금 내가 실제로 저 남자를 만져본다면 다르게 쓸 수 있을까요. 만짐이 문장에 중요한 역할을 한다면, 어떻게 만지는 게 좋을까요. 어디를 만지는 게 괜찮을까요. 거칠게 혹은 부드럽게 강하게 혹은 약하게, 그렇게, 머리를 등을 어깨를 손을? 무릎을? 여기서 내가 할 수 있는 가장 자연스러운 느낌으로 남자를 만져볼 궁리를 하다가, 뭔가 잘못됐다는 생각이 듭니다. 남자를 만지고 싶어서 만지겠다는 것이 아니라, 남자를 위해서 남자를 만지겠다는 것이 아니라, 우는 남자를 문장으로 쓰기 위해 만지겠다는 것이, 참.
 그러나 의도치 않게, 행동의 의도가 문장을 위한 것이었음에도 어쩌면 남자에게도 도움이 될지 모르니까, 뭐든 해볼까요. 이 여자가 나를 사랑하는구나,라든지 이 여자가 나를 버리지 않겠구나,라든지 혹은 이 여자가 나를 놓아주지 않으려고 하는구나,라든지. 아니면 단순히, 손대지마,라든지. 꺼져,라든지. 나는 아주 사실적으로만 예상하려고 애씁니다. 남자가 천 마리 매미가 된다는 식으로 상상하고 싶지 않아요. 남자에게 미안해지려고 하니까. 미안하긴 싫으니까. 매미가 되는 게 훨씬 재미있겠지만, 한번 참아봅니다.

　어디를 어떻게 만지는 것이 자연스러울까요. 다소 소모적이네요. 순간은 금방 지나간다고요. 결단이 필요합니다. 두 사람 관계의 향방까지 포함하여, 일어날 일이 일어나도록 돕고 싶습니다. 어깨를 안아주거나 손을 내리게 하면서 눈물 닦을 것을 줄까요? 아니면, 우는 남자의 멱살을 잡고 흔들기? 일어나 돌아서 가버리기? 생각합니다. 무엇이 자연스러운 행위일까? '할 수 있는 것'과 '해도 되는 것' 사이에서 잠깐이라도 고민하지 않는 것. 물이 낮은 곳으로 흐르듯 불이 탈 것을 향해 번져가듯 움직이고 싶습니다. 여기까지 순간을 잇다가, 내가 '자연스러운 것'과 '자연스럽게 보이는 것'을 착각하고 있음을 알아챕니다. 그러나 매 순간 오류 속에서 주저하는 것이야말로 자연스러운 일 아닌지요? 남자가 눈물을 그쳐갑니다. 손바닥으로 눈두덩이를 문지르고 앞을 바라보고 있습니다. 남자가 바라보는 것을 나도 바라봅니다.

　양산을 쓴 여자가 붉은 벽돌 건물 안으로 들어갑니다. 흰 원피스를 입었지만 더워 보입니다. 원피스가 너무 길고 펄럭인다는 생각을 합니다. 내가 입은 옷도, 너무 길고 펄럭입니다. 옆에서 울고 있는데 아직도 혼자서만 양산을 쓰고 있다니, 참. 양산을 접어 무릎 위에 올립니다. 나는 곁눈질로 남자를 봤다가 다시 건물을 봅니다. 조금 부자연스러운가요? 그러나 모든 일이 자연스럽게 일어납니다. 도심 공원 벤치에 앉아 있는 두 사람. 크고 거대한 나무가 이 벤치 뒤에 있었는데, 가지치기를 아주 많이 당한 모양입니다. 앙상한 가지가 만든 뾰족한 그늘 아래 두 사람. 한 사람이 울고 있었습니다. 양산을 쓰고 있던 사람이 양산을 접습니다. 한낮. 한여름. 소나기는 다 어디로 갔는지, 하늘도 무심, 구름은 그저 흰색. 요즘 사람들의 시선은 걸으면서도 휴대폰을 향해 있기에, 우리들은 별로 눈에 띄지 않을 것입니다.

이렇게 씁니다. 지운 문장은 지워진 것이므로 쓰지 않겠습니다. 우는 남자를 옆에 두고 돌연 필기도구를 꺼내거나, 휴대폰 메모장을 켜지 않으려고 노력합니다. 그를 만지면서 쓰기 위해서입니다. 매미가 되지 않는 남자를 쓰기란, 입속에서 굴리면 침 범벅, 머릿속에서 굴리면 무엇의 범벅. '결국은'으로 향하지 않기 위해, 쓰기란. 보여주기 위함이 아니라 들키기 위함으로 쓰기란, 참.

추천의 말

강동호
김복희는 현실에는 존재하지 않지만 상상 속에서는 실재하는, 동화적이고도 마법적인 세계를 친근하면서도 다정한 어법으로 펼쳐낸다. '보조 영혼'이나 '요정' 같은, 눈에 보이지 않는 작은 존재들에 대한 애정을 피력하는 그의 시적 시선은 좁은 것의 넓음과 작은 것의 큼을 드러내며 존재와 삶의 역설과 아이러니를 발견하는 미묘한 기쁨으로 충만하다. 시인이 그려내는 작은 것들의 세계에 발을 들이는 순간, 우리는 결코 단일한 의미로 단순화될 수 없는 세계의 다차원성과 그 뜻밖의 광활함을 마주하게 될 것이다.

오은
김복희는 삶에서 발아하는 궁극적인 질문을 던지고 있는 듯하다. 뭔가가 풀리지 않을 때, 상처받아 어찌할 방도를 모르겠을 때 우리는 지금 여기에 없는 것을 궁리하게 된다. 이 지경地境을 넘어 요지경瑤池鏡으로 가고 싶어진다. 신에게 묻고 기도하는 삶, '보조 영혼'과 '요정'이 곁에 있는 삶은 온전할 때는 결코 도드라지지 않는다. 그러므로 삶을 들여다보는 일은 궁극적으로 섬기는 일이다. 신과 주인을 섬기는 것이 아니다. 희망을 섬기는 것이다. "대한민국에 사는 희망은 키가 작다. 발이 작다. 손이 작다. 그래도"(「새 입장」) 김복희는 그것을 향한 시선을 쉬이 거두지 않는다. 작은 상대를 오히려 더 유심하게 살핀다. 작지만 분명히 살아 있으니까. 보이지 않아도 틀림없이 존재하니까. 어쩌면 그는 시로써 희망을, 그것이 있음을 적극적으로 들키고 싶은지도 모른다.

이수명

김복희의 시는 지금 여기의 일상적이고 자연스러운 언어를 통해, 지금 여기와는 별개의 비가시적 존재나 상황을 지금 여기에 내포된 것으로 표현한다. 그의 '보조 영혼'이나 '요정' '희망'은 제3의 이물적 속성을 가진 존재의 가능성을 이 세계 안에서 펼쳐 보인 것이라 할 수 있다. "친구들 옆에도 보조 영혼이 있다"(「보조 영혼」)라는 말이나 "자러 가던 요정이 유리창을/스치"(「요정의 마당」)는 일, "희망은 키가 작다. 발이 작다. 손이 작다"(「새 입장」)라는 표현에서 알 수 있듯 이들은 너무도 태연하게 인간사에 머물고 존재한다. 보이지 않는 이러한 존재들의 명명과 가시화로 세계의 틈이 벌어지면서 확장되었다면, 이를 시가 제대로 움직인 결과라 할 수 있지 않을까.

조연정

돌이킬 수 없는 과거에 대한 회한에 얽매여 그리고 아직 오지 않은 미래의 불행에 저당 잡혀, 언제나 조금은 위축된 마음으로 현재를 살아내고 있는 사람들이 김복희의 시를 읽었으면 좋겠다. "나를 돕지 않을 신에게 기도"하는 의연한 마음을 김복희의 시에서 배웠으면 좋겠다. 모든 게 마음먹기 나름이라는 듯 그리고 어떻게 말하는가에 달렸다는 듯, 김복희는 죽음과 삶이, 지옥과 천국이 그리고 절망과 희망이 마치 한 끗 차이인 양 그려낸다. "일단 집에 가서 깨끗이 씻고 자고 먹"(「사람의 딸」)기 혹은 "단 1분이라도"(「가변 크기」, 『보조 영혼』, 문학과지성사, 2025) 시를 읽기. 그렇게 영혼을 보양하며 살아내기. 김복희가 시를 쓰는 것은 이런 이유에서가 아닐까.

하재연

김복희의 시는 시적 주체를 고정하고 틀에 가두는 무겁고 근엄한 억압(들)에 대항하여 사소하고 가벼워지려 한다. 사람이어서, 여자여서, 대한민국의 국민이어서, 신체를 갖고 있어서, 영혼을 지니고 있어서, '나'라는 존재는 계속해서 무거워진다. 이런 '나'를 도울 이는 누구인가? 어떻게 무거운 허물을 벗고 가벼워질 수 있을까? 김복희가 고안해내는 '보조 영혼'과 '요정'과 '소인'들은 물음에 답하고자 끊임없이 운동한다. 리드미컬하고 시끌시끌하며 소란스러운 몸짓들. 최소의 체적으로 세계에 존재하는 듯하지만 기어코 궤적을 남기는 존재(라고 불러도 좋을까?)들. 그들의 궤적을 따라가다 보면 어쩐지 우리는, 잊어버리면 안 된다고 생각했던 많은 이유를 기꺼이 잊어버리고 새롭게 가벼워질 수 있을 것만 같다.

김선오

―――――――――――――――――――――

시집 『나이트 사커』 『세트장』 『싱코페이션』 등이 있다.

영원과 에러

◉

원은 굴러가고 싶다.
점 하나가 몸에 박혀 있어 쉽지 않다.

◉

원의 균질한 신체에서 점은 얼굴의 역할을 한다.
벽에 붙은 원들은 무수하고
원이 생각하기에 얼굴의 연속은 리듬을 만든다.

원은 사회를 원한다.
리드미컬한 사회를.

다른 원들이 보이지 않는다.

원은 점을 통해 다른 원들의 있음을 가늠한다.
점은 원 혼자만의 것이지만
혼자는 너무 깊어서 혼자 아님을 포함하기 때문이다.

◐

벽의 뒤편에서 비가 쏟아질 때
점의 표정이 일그러진다.
원은 미약한 치통을 느낀다.

비가 그치면 점은 잠들 것이다.
얼굴을 재우고 원은 영원히 깨어 있을 것이다.
영원이 자신의 결함이라고 생각하면서.

원에게 거울이 주어진다는 상상은 원을 위해서 하지 않는다.

☉

원은 반려 얼굴을 어떻게 다루어야 하는지 모른다.
원은 반려 얼굴의 수명을 모른다.
반려 얼굴이 원보다 먼저 죽는다면……

원은 반려 얼굴 없이 어떻게 살아가야 할지 막막하다.

원이 하늘이라면 반려 얼굴은 태양일 것이다.
여기에서 보았을 때 태양은 하늘에 포함되어 있지만
   태양의 시선에서 하늘이란 작은 점에 빛을 건네는 짧은 시간일 뿐이다.

✺

원은 옆자리의 원과 자리를 바꾼다.
바꾸지 않아도 바꾼 것이나 다름없다.
원은 계속 생겨나며 계속 소멸한다.

자세히 보면 원에 속한 점의 테두리가 조금씩 변형되

는데,
　그것이 시간의 변화 때문인지 공간의 변화 때문인지
　거울이 없어서 알 수가 없다.

　　O

　점이 원을 벽에 고정하고 있다고 말했던 것 같은데
　원이 벽을 점에 고정하고 있다고 정정하겠다.

　정정 과정에서
　점의 힘이 상실되었다.
　벽의 힘이 상실되었다.
　원은 원래 힘이 없다.

　동서남북이란 벽이 꾸는 꿈의 형식이다.
　어느 쪽이든 바다에 닿는다.
　그러니까 힘은 없어도 된다.

◉◉

곁이라는 것이 얼마만큼의 거리와 방향을 의미하는지 모르겠다.
심장은 얼굴의 곁에 있는 것인가?
심장 소리는 어쨌든 리드미컬하다.

도열한 원들 사이의 거리를 측정해 악보를 만들 수도 있겠다.
원들이 자꾸 굴러가려 해서
악보가 엉망이 될 수도 있겠다.

엉망은 얼굴을 편안하게 한다.
점들이 부풀었다 작아졌다 제멋대로다.

음표와 음표 사이에 부는 바람이 춥다.
이런 감기라면 좋겠다.

원은 원의 곁에서 원을 하고
점은 점의 곁에서 점을 하고

이 음악을 사랑하게 될 거다.
겨울 공터 철근 사회의 음악을.

점은 원을 안아주고 싶지만
몸을 껴안는 얼굴이란 지나치게 허구적이다.
곁이라는 것이 그렇다.

벽의 너머가 벽과 함께 지속된다.

반복한다.
빗소리가
반복된다.

영원히 회전하는 물기둥이 있다.

●

점이 원을 연다.

○
●

　나는 포물선을 그리며 공중으로 뛰어내리는 점의 뒷모습을 보았다.

무빙 이미지
─그리고 백 개의 휘어짐

  영화를 찍겠다고 했다. 너무 작아서 그걸로 되겠나 싶은 캠코더를 들고 너는 스물네 시간짜리 바다를 찍겠다고 했다. 자정부터 자정까지. 스물네 시간짜리 바다를 두 개 찍겠다고 했다. 하나는 동해, 하나는 서해. 커다란 화면 중앙에 작은 화면을 중첩할 거라고 했다. 커다란 화면에 바다 하나를, 작은 화면에 다른 바다를 상영할 거라고. 커다란 바다의 수평선과 작은 바다의 수평선이 이어지도록 화면은 배치될 것이다. 한 바다의 일출과 다른 바다의 일몰로부터 영상은 시작된다. 한 바다에 아침이 찾아올 때 다른 바다에는 밤이 찾아올 것이다.

  너는 상영된다. 너는 너무 작아서 그걸로 되겠나 싶은 캠코더를 들고 있다. 네가 서 있는 곳이 동해 바다인지 서해 바다인지 화면상으로는 알 수가 없다. 너는 백사장 위에 삼각대를 고정하느라 한참 애를 먹는다. 짧은 머리카락이 미친 듯이 휘날리는 것으로 보아 바람이 많이 불고 있는 것 같다. 너는 운전을 못하니까 기차나 버스를 타고 갔을 것이다. 너무 작아서 그걸로 되겠나 싶은 캠코더니까 많이 무겁지는 않았을 것이다. 네가 검정색 잔스포츠 백팩을 열고 스테인리스 텀블러를 꺼내는데 그 안에 든 것이 유자차인지 루이보스차인지 화면상으로는 알 수가 없다. 너의 입김이 바다를 가린다. 파도가 높지만 입김을 뚫고 서핑하는 사람들이 있다. 너는 서핑하는 사람들을 앵글에 담고 싶지 않아 고민하는 것 같다. 서핑의 이미지가 관객들로 하여금 이 장소가 어느 해변일 것이라거나 촬영 시기가 언제쯤일 것이라거나 하는 등의 불확실한 의문을 소거하게 하는 단서가 될까 봐 그러는 거다. 너는 그 모든 가능성이 중첩되어 있는 바다의 이미지를 원한다. 너는 파인더에 눈을 갖다 댄다. 영원하고 무궁한 바다의 상을 바라는 너의 움직임이 클로즈업된다. 화질이 그리 좋지 않다. 그걸로 되겠나 싶은 그런 캠코더로 너를 찍은 것 같다. 렌즈는 자꾸 백사장 쪽으로 추락했다가 다시 너를 향하고 하늘로 솟구쳤다가 다시 너를 향하고 그런다. 이딴 캠코더로 찍히고 있다는 사실을 네가 아는지 모르는지 알 수가 없다. 너는 오직 파인더에만 몰두하고 있지 자신이 찍히고 있다는 사실에는 도무지 관심이 없어 보인다. 너의 눈에는 너를 향하고 있는 이 렌즈가 보이지 않나. 너의 움직임이 장면의 일부가 될 거라는 사실을 모르고 있나. 알면서 아닌 척하고 있는 건가. 너는 왜 스물네 시간짜리 바다를 찍겠다고 추워죽겠는데 그러고 있는지, 누가 스물네 시간짜리 영상을 봐주기나 할 것 같은지, 나는 너무 답답한데 여기서 잔소리한다고 네게 들리지는 않을 것이다. 너는 장면 속에 있다. 너는 너를 수행하고 있다. 일출인지 일몰인지 알 수 없는 주황빛이 화면을 가득 채우고. 서핑하는 사람들의 작은 그림자가 파도 위에서 짙어졌다가 옅어졌다가 한다. 너무 눈부셔서 너의 얼굴은 다 사라질 지경인데. 이제 아침이 올지 밤이 올지 알 수도 없는데. 허리를 구부려 파인더에 눈을 갖다 대는 너의 반복적인 움직임이 무슨 단서 같다. 그러나 나는 모든 가능성이 중첩되어 있는, 영원하고 무궁한 너의 이미지를 원한다.

 기차는 자꾸 늦는다.
 이미 늦은 것도 또다시 늦는다.

 누군가 무궁화호 열차 좌석에 앉아 졸고 있는 나를 보고 간다. 나의 머리가 이쪽저쪽으로 기울며 눈 내리는 창밖 풍경과 뒤섞이지 못하는 모습을. 부풀어 올랐다 다시

가라앉는 홍통의 움직임을. 내 몸의 표면이 그의 눈동자에 잠시 비쳤다 사라진다. 멀어진다. 비틀거리며 열차 복도를 걷는 발소리가 나의 눈꺼풀 속에 하나의 상으로 맺힌다.

 바람이 계속 부나 보다. 백사장 위에서 카메라가 쓰러지고 또 쓰러지고 하는데 너는 자꾸 그것을 일으켜 세운다.

픽셀들

  이 건물은 원래 있던 건물은 아닌데 거리를 산책하는 사람들을 위해 지어졌다. 건물이 없으면 사람들은 쉽게 길을 잃을뿐더러 길이란 것이 무엇인지 구별할 수도 없고 원래 길을 잃고 싶었던 사람마저 당황하기 때문이다. 건물이 없으면 친구와 함께 걷고 싶은 사람이 친구에게 어디에서 만나자 이런 말도 전할 수 없게 되고 그렇다면 이 길을 영원히 혼자 걸어야 할지도 모르고 그 친구를 아끼고 자주 생각한다는 사실, 너만 괜찮다면 조금 더 가까워지고 싶다 그런 마음 역시도 말할 수 없는 것이 되어버린다. 건물이 없으면 건물의 그늘도 없다. 사람들에게는 자신의 그림자를 잠시 놓쳐버릴 수 있는 공간이 필요한데 보통은 건물의 그늘이 적당한 장소가 되어주기 때문이다. 산책하자. 그런 말은 건물이 없다면 없는 말이 된다.

  건물은 이름이 없다. 그 건물 앞에서 보자 이렇게 말하면 사람들은 모두 알아듣고 건물 앞으로 모여든다. 그렇기에 이름은 없어도 되지만 '그 건물'을 일종의 이름이라고 할 수도 있겠다. 건물의 이름은 말하는 이의 위치가 건물과 가까워질 때 '이 건물'로 바뀌기도 한다. '이 건물' 나무로 되어 있네. '이 건물' 왼쪽으로 돌아볼까. '이 건물'은 뒤를 돌면 '그 건물'이 되어 있다. 등 뒤에 건물이 있어서 다행이다 그런 생각을 하는 사람은 없다. 건물은 이미 눈과 마음의 일부이기 때문이다. 건물은 있다. 건물이 있어서 거리가 있다. 거리가 있어서 산책하는 사람들이 생겨난다. 사람들의 걸음걸이가 생겨나고 그것은 놀라울 만큼 서로 다르다. 자세히 보면 저 사람은 왼팔을 오른팔보다 세게 흔들고 저 사람은 운동화 뒤축이 불균형하게 닳아 있어 다소 비틀거리는 방식으로 걷는다. 고개를 숙인 채 걷는 사람. 주먹을 쥐었다 폈다 하며 걷는 사람. 가끔 휠체어를 탄 사람.

우산이 펼쳐진다 일제히. 이 장면을 위해 비바람이 동원된다. 춥다. 젖는다. 어둡다. 그런 말을 위해 춥고 젖어 있고 어두운 날씨가 동원된다. 빗물이 쌓이는 동안 엉뚱하게도 건물 앞에서 오랜 은사님을 마주친 사람이 있다. 어 선생님 돌아가신 줄 알았어요 하며 울음을 터뜨리는 사람. 울음과 빗소리의 뒤섞임을 위해 만남이 동원된다. 슬픔이 동원된다. 건물 주변을 은사님은 벌써 사십 년째 걷고 계신다. 안경 너머로 그의 오랜 학생을 바라보는 그가 아직 죽지 않은 건 역시 오늘의 울음과 빗소리의 뒤섞임을 위해서다. 그들은 건물 앞에서 포옹한다. 건물의 그림자가 그들을 포옹한다. 그들의 과거가 건물 뒤편으로 빠르게 그려진다. 그해 부임한 젊은 선생이 어린 학생을 가정 폭력으로부터 어떻게 구해냈는지. 어느 벤치에 선생과 학생이 나란히 앉아 단팥빵과 우유 한 팩을 나누어 먹었는지. 그날도 비가 왔었다는 사실이 그려진다.

선생과 학생은 다시 빗속으로 흩어지고 빗소리, 빗소리가 울려 퍼지다 멈춘다. 나무로 된 이 건물을 이루는 나무들의 기억이 반가워하는 소리, 그 소리를 듣고 있다고 상상하는 누군가 건물 앞을 지나다 어쩌면 상상이 아니라고 생각을 고쳐먹는다. 그가 생각을 고쳐먹는 바람에 상상은 그로부터 떨어져 나가 그의 그림자에 안착하게 된다. 그의 그림자가 서서히 짙어지는 것은 슬슬 해가 나기 때문만이 아니라 잃어버린 상상이 그림자와 뒤섞이고 있기 때문이다. 상상이 섞인 그림자는 그의 뒤를 따라다니다 건물의 그늘 속에서 잠시 놓여난다. 행인의 그림자가 그곳에 용해된다. 건물의 그림자가 헐거워진다. 건물로부터 떨어져 나와 독립적인 그림자가 될 수도 있을 것 같다. 그런 것을 부르기 위해 영혼이라는 말이 생겨났을지도 모른다. 그림자는 검다. 언제나 검다. 분명히 검었는데. 그렇다면 그림자로 이루어진 영혼 역시 검어야 할 텐데. 이 많은 사람들이 오가는 동안 건물의 그림자에 대체 무엇이 섞여버린 건지.

 하얗고 부드러운 건물의 영혼이 건물 앞에서 담배 한 대 피우고 있는 것이다.

불결한 무無

강은 보는 일을 여러 개로 쪼갤 수 있다고 했다. 그날 밤 강이 내게 말해준 보기 종류의 목록은 다음과 같다:

1) 글자를 보는 것 2) 얼룩을 보는 것 3) 눈꺼풀 안쪽의 실핏줄을 보는 것 4) 소설을 읽으며 주인공의 얼굴을 보는 것 5) 잠든 해파리의 출렁임을 보는 것 6) 수평선과 지평선을 속눈썹처럼 보는 것 7) 물속에서 등대와 등대지기를 보는 것 8) 수학 공식을 이루는 직선과 곡선의 무늬를 보는 것 9) 부모의 섹스를 보는 것 10) 수영장에 빠진 벌을 보는 것 11) 망각을 보는 것 12) 보이기 전에 보는 것 13) 눈을 감고 기도할 때 기도가 이루어지는 순간을 함께 보는 것 14) 안개 너머를 보지 않고 안개를 보는 것 15) 함께 걷는 사람과 완전히 같은 것을 보는 것 16) 아무것도 하지 않기 위해 모든 것을 보는 것 17) 두려움 없이 보는 것[*]— 보기에도 난이도가 있다고 했다. 강에게 가장 어려운 건

1분 후를 보는 것이었다. 1분 후를 보려면 1분 전의 행동을 1분 전의 보기와 병행해야 하기 때문이었다. 행동 없이 보기를 일으킬 수 없었다. 1분은 지나치고 부족했으며 동시에 충분했기 때문에 어찌할 바 몰랐다. 머뭇거렸다. 서성거렸다. 눈을 감았다. 보일 듯 말 듯 한 1분 후가 백지 아래에서 울렁거릴 때 흰 종이를 울룩불룩하게 할 때 아무것도 하지 않으면 백지는 움직임을 멈추고 솟아나지 않은 1분 후는 종이 아래로 뚝뚝 떨어져 꿈과 야생을 모두 적셨다.

들어봐
나는 나선형으로 깊어지는
물이었어
백조가 내 위를 흐르고 있었어
흐르다 잠든 백조
맨손 같은 백조
천 갈래로 갈라지는
거의 모든 것을 잊은
그런 백조 바라보던 누군가
눈을 감았어

나는 그 눈으로부터 넘쳤어

손들이 내 몸에 잠겨

나를 퍼 올려 세수했어

얼굴에 부딪치면서

사람의 얼굴 위로 부서지면서

백조는 내 위를 막막히

흐르고 있었어

밤은, 강아. 너는 나일 수도 있겠지. 내가 너인 동안에. 강아, 너는 곡선일 수도 있겠지. 귤이거나 목련이거나 전구일 수 있는 만큼 너는 삼각형일 수도 있겠지. 너는 불 꺼진 아파트. 손등에 적힌 숙제. 너는 서울 어느 터널의 아치형 천장에 닿았다 사라지는 헤드라이트 불빛의 행렬이거나 얼룩덜룩한 눈동자일 수도 있겠지, 강아. 너는 얼룩덜룩하게 흔들리는 아프리카 어느 강가의 억새풀일 수 있듯이 어느 전쟁터의 총성일 수도, 총성을 듣고 놀란 새들의 짧은 울음일 수도 있지만. 죽은 이들을 외면하기 위해 고개를 돌리는 몸짓일 수도 있지만. 그 몸짓이 만드는 동심원 모양의 파장을 닮은 원형 계단 아니면 건물의 뼈일 수도 창일 수도 복도일 수도, 물소 아니면 딸기일 수도 이끼일 수도 있지만, 우리는 길어진다.
우리의 부드러운 선이
강한 선을 꾸민다.**

강아, 이제 너는 사람이야.
그러니까

몸을 일으켜.
다른 길로 오면 돼.
다르게 보이는 길로 오면 돼.

* 볼프강 틸만스.
** 공자.

시작 노트

복원

 잠이 어제와 오늘을 연결하는 이동이라면 꿈은 그 풍경이다. 언제부터인가 내가 즐겨 하는 생각은 세계가 안팎이 뒤집힌 형상일지도 모른다는 것이다.
 이를테면 내부에서 발생한다고 믿어지는 대상들, 꿈, 감정, 관계 같은 것들이 실은 외부이며 표면이고, 우리가 보고 듣고 만지는 것들, 얼굴과 사물과 움직임 같은 것이 세계의 내부라면? 우리가 우리 너머에 있어 보이지 않는 것들을 '안에 있다'고 믿는 것이라면? 그러니까 꿈과 감정과 관계가 실은 세계의 피부라면?
 잠든 우리의 얼굴이 꿈의 내장이라면? 사랑이 먼저 있었고, 몸이 뒤늦게 발생한 것이라면? 관계가 본질이고 사물은 허구라면? 이런 질문들은 꿈처럼 아무 소용이 없다.
 그러나 어떤 이들은 현실보다 꿈에 더 깊게 매혹되고 나아가 꿈을 더 현실적이라고 여기거나 꿈을 위해 현실을 재구성한다. 꿈에 대한 글을 쓰거나 잠 없이 꿈꾸기 위해 영화를 만든다.
 시는 꿈을 대체하기에 좋은 현실이다.

 한국을, 내 몸이 깊게 얽혀 있는 익숙한 장소를 떠남으로써 어떤 무중력의 시공간에서 글을 쓸 수 있으리라는 기대를 하지 않은 것은 아니다. 그러나 이곳에서의 삶은 더 많은 현실을 나의 현실로 여기게 됨으로써 더 복잡한 현실을 내면화하는 과정이었다. 이를테면 독일어 학원의 인도인 친구가 주 6일 밤 10시부터 아침 10시까지 식당에서 일하고 저녁에 수업을 들으러 온다는 현실. 우크라이나 난민들과 같은 지하철을 타고 서로 다른 목적지로 이동하고 있다는 현실. 내 개를 쓰다듬어도 되느냐고 묻는 난민 어린이의 떨리는 눈빛과 작은 목소리라는 현실. 한국으로부터 들려오는 트랜스젠더 친구의 부고라는 현실. 조국에서 벌어지는 전쟁을 뒤로하고 이곳에 온 사람들과 같은 거리를 걷고 있다는 현실. 이스라엘이 팔레스타인 병원을 폭격한 날 파티에서 만난 유대인 친구와 대화해야 한다는 현실. 그 병원에서는 전쟁 트라우마를 겪는 아이들을 위한 재활 치료가 이루어지고 있었다고 했다.

너무 많은 현실에 압도되어 내부가 납작해지고 서툰 외국어로 대화하느라 외부가 납작해질 때, 오직 쓰기만이 부피를 만들어낸다. 쓸 수 없다고 느껴질 때일수록 무엇이든 쓴다. 한국어로 쓴다. 나는 자꾸 모든 것으로부터 미끄러지지만 나를 죽이지 않는 미끄러짐은 나를 더 부드럽고 열린 장소로 만들어주겠지.

길을 잃듯이 매일 호수에 간다. 날카로웠던 오전의 빛은 오후가 되어감에 따라 세계 위로 허물어진다. 알몸으로 헤엄치는 사람들은 물만큼이나 빛에 흠뻑 젖어 있다. 꼼꼼하게 하늘을 뒤덮은 나뭇잎들 사이로 떨어진 빛의 조각이 개의 이마를 가볍게 건드리고 간다.

 자전거를 타고 사라지는 앞사람의 등 위로 빛이 무늬를 만드는 춤을 춘다. 다이빙을 하러 나무 위에 올라간 사람의 발목에도 같은 무늬가 옮아 있다. 빛이 몸과 함께 호수에 빠진다. 수면에 큰 파문이 일다 이내 잠잠해진다. 강렬했던 여름 또한 서서히 잠잠해질 때, 계절에 따라 몸을 웅크리거나 활짝 펼치는 역동적인 빛이 어떤 종의 생명체 같다.

 호숫가에 오래 앉아 있으면서 빛으로 시간을 가늠할 수 있게 되었다. 여기에서만큼은 시간을 숫자로 측정하지 않고 시계가 없던 오래전의 인류처럼 빛으로 일과를 구분한다. 이 농도의 빛이라면 곧 걷잡을 수 없이 더워지겠구나. 빛이 붉고 부드러워졌으니 저녁 식사를 해야겠구나. 정량화되지 않은 시간은 빛처럼 몸 위로 드리운다.

 숫자 밖의 시간으로 이탈하는 일은 언어를 모르던 어린 시절로 되돌아가는 일과 비슷할까. 빛과 시간이 하나였던 인류의 어린 시절, 우리가 우리에게 깊은 트라우마를 남기기 이전의 과거. 시간은 상처 난 곳을 향해 되돌아가며 나선형으로 흐른다. 언어가 정교한 타자화의 도구이자, 타자화로부터의 탈출을 꿈꾸는 수단으로써 이중 구조를 갖게 되기 전으로 회귀한 세계를 가정하고 싶지는 않다. 다만 나와 함께하는 매체로서 언어가 현실을 복원하고 치유하면서, 복원과 치유의 과정으로서 새로운 균열을 시도하면서 어떻게 미래로 가는 통로가 될 수 있을지 상상한다. 이 상상이 더 유창해지기를 기대하면서, 동시에 유창함의 방향이 더듬거림 쪽이기를 바라면서.

    호수를 되돌아 나온다. 빛이 이쪽으로 무너지고 있다.

추천의 말

강동호

김선오는 꿈과 현실의 모호한 경계를 드러내는 균열의 징후를 현대적이고도 미학적인 언어로 기록하는 시인이다. 그의 시적 뷰파인더는 단순히 외부의 풍경을 포착하는 것이 아니라 세계와 맞닿은 '나'의 움직이는 몸의 감각이 교차하는 무빙 이미지를 만들어낸다. 무너진 빛의 파편과 그 속에서 번져 나오는 불완전한 리듬을 통해 자신의 현존을 증언하는 그의 대담한 시적 실험은, 언어가 도달할 수 있는 감각의 지평을 새롭게 확장해나가는 중이다.

오은

김선오의 시에서는 정지한 것이 이동한다. 멈춰 있는 대상을 움직이게 하는 힘은 관찰과 상상으로부터 나온다. 움직일 때 존재는 비로소 구체적인 형상을 지니게 된다. 가방의 브랜드와 색깔이 밝혀지고 열차가 무궁화호임이 드러나고 서핑하는 사람들의 표정이 선명해진다. 굳건하게 서 있는 '건물'조차 산책을 위한 이정표가 된다. 그는 놀이하듯 관찰과 상상을 이어간다. 놀이는 여간해서 끝나지 않는다. 원 하나만으로도 흥미진진한 놀이. 원에 점을 찍고 벽을 세우고 여차하면 그것을 굴러가게 하는 놀이. 원을 채우고 비우면서 영원을 발생하게 하는 놀이. "모든 가능성이 중첩되어 있는"(「무빙 이미지―그리고 백 개의 휘어짐」) 장면만 있다면, 놀이는 언제 어디서든 시작될 수 있다. 김선오는 지금 시작은 있지만 끝은 없는 놀이, 끝이 있어도 그 끝에서 다시 시작하는 놀이를 하는 중이다.

이수명

시가 전개되는 과정이란 본디 알 수 없는 것이다. 형상화된 이미지를 그림으로 제시하는 일이기에, 이 그림이 어떻게 구성되고 만들어지는지는 비밀에 부쳐진다. 그런 의미에서 김선오의 시는 시의 그림이 상상과 유추를 통해 전개되는 스펙트럼을 보여준다. 원과 점은 어떤 모습으로 어떻게 한 공간에서 만나고 결합하는가, 카메라 렌즈에 담기는 바다의 풍경이란 무엇으로 구성되어 있는가, 건물 주변을 부유하는 사람들의 눈에 우두커니 서 있는 건물은 어느 방향에서 어떻게 인식되는가, 강이 보는 세계의 풍경과 분류는 어떠한가 등이 그 예이다. 이 상세한 전말은 시의 생산성과도 연결된다. 이미지의 구성은 시의 설계와 다름없기 때문이다.

조연정

우리는 둘러싼 세계, 무수한 겹의 복잡한 현실, 헤아릴 수 없는 누군가 혹은 스스로의 마음. 불가해한 이 모든 것을 이해하기 위해 인간은 자신이 지닌 모든 감각을 동원해 고군분투하며 살아간다.

그리고 언어는 그 이해를 위한 최소한의 도구가 될 뿐인지도 모른다. 그럼에도 김선오는 "오직 쓰기만이 부피를 만들어낸다"(시작 노트 「복원」)라고 말한다. 쓰기를 통해 할 수 있는 일은 거대한 원 안에 작은 점을 찍어보는 정도일지 모르는데, 김선오는 그 작은 '픽셀들'이 무수히 모여 해상도 높은 마음을 보여줄 수 있다고 믿는 듯하다.

하재연
김선오의 시가 구현하는 이미지-영상-서사 실험은, 시에 주어지는 정보의 값을 새로이 설정함으로써 기존에 우리가 보아왔던 시들의 것과는 전혀 다른 알고리즘을 출력해낸다. 시인 이상李箱이 한국어 실험을 통해 구축했던 아방가르드를 가장 첨예하게 이어받고 있는 김선오의 시적 공간은, 상상과 논리를 치밀하게 결합하여 독자에게 낯설고 매혹적인 체험을 선사한다. 한 편의 단편영화나 페이크 다큐멘터리를 본 것처럼, 누군가가 꾼 꿈의 내부를 한참 동안이나 탐색하다 온 것처럼, 그런데 그 안에서 '나'는 낯선 등장인물인 것처럼. 그는 우리의 현실 속에서, 그와 동시에 현실을 넘어서 구성될 수 있는 존재의 다차원을 시적으로 실현한다. 그러므로 김선오의 시는 시와 언어가 결합하며 신장할 수 있는 자유가 아직 다 탐구되지 않았다는 것을 보여주는 증좌이다.

문보영

2016년 중앙신인문학상을 통해 작품 활동을 시작했다.
시집 『책기둥』 『배틀그라운드』
『모래비가 내리는 모래 서점』 등이 있다.

너에게 수상함이 없었다면
너를 좋아하기 힘들었을 거야

  내가 방에서 책상을 꺼내려 했던 이유는 중요하지 않게 되었다. 나는 편지를 노트북에 쓸 수도 있었지만, 갈색 경첩이 달린 일기장에 끄적이게 되었는데, 그건 아주 빨리 걷는 나를 놓치고 싶었기 때문이다. 앞서가는 생각을 따라잡지 못하고 뒤처질 때 발생하는 피곤이 필요했기 때문이다. 그러나 무엇 무엇 때문이라고 말하거나 무엇 무엇 때문이 아니라고 말하는 것은 같기 때문에 아무렇게나 써도 상관이 없다. 그저 내 방에서 책상을 꺼내려는데 책상이 문보다 커서 어떻게 책상이 방으로 들어갔는지 궁금해하던 중 불현듯 친구를 사랑한다는 사실을 깨달아 급하게 편지를 썼다. 나는 편지에 방으로 들어갔다가 영영 나오지 못하게 된 책상 이야기를 썼고 그 이야기를 전달하려면 문이 얼마나 좁고 작은지 묘사해야 했다. 더불어 손잡이는 어떤 모양인지, 문의 색깔과 질감 그리고 성격은 어떤지 최선을 다해 관찰해야 했다. 동시에 그것을 밖으로 꺼내는 데 최선을 다했다는 인상을 주고 싶었다. 큰 책상을 이리저리 돌려보려면 적어도 두 사람은 필요하지 않았을까, 친구는 의문할 수도 있을 것이다. 친구는 내가 혼자였던 까닭에, 책상을 방 밖으로 꺼내는 많은 방법을 탐색해보지 못했으리라 짐작할 수도 있을 것이다. 난 그것이 염려되어 사람이 두 명이 있었다고 적었다. 책상을 양쪽에서 들고 문 앞에서 여러 시도를 해보는 두 명의 사람이 있었다고. 이쯤에서 나는 책상을 방에서 꺼내야 했던 이유를 기억해내지만, 기억해낸다는 말을 지어낸다,라고 바꾸어 쓰고 싶다. 내가 책상을 떠나고자 했을 때, 마침 그 책상을 사겠다는 사람이 나타났고 그는 작은 차로 책상을 옮기고 싶다며 다리가 분리되는지 물어왔다. 그제야 나는 내 책상에 다리가 있다는 사실을 깨닫고 놀란다. 여태껏 내가 책상에게서 배운 것은 누워 있는 상태에서도 얼마든지 넘어질 수 있다는 사실이었기 때문이다. 갑자기 책상이 새롭게 보이는 바람에 나는 왠지 책상을 팔고 싶지 않았고, 이제부터라도 책상과 친해질 수 있겠다고 생각했다. 한편 지금까지의 시간을 만회할 수도 있다는 희망이 나를 괴롭게 했으므로 나는 구매자에게 *다리는 날아가버린 지 오래입니다,* 하고 말하였다. *그럼 더 좋네요. 난 서 있는 방법을 잊고 싶었어요. 당신의 책상과 금방 사랑에 빠지겠어요.* 그는 고수였다. 흔적 없이 사라지는 방법을 알았다면 떠날 생각도 하지 않았을 것이다. *대략적인 위치가 어디죠? 직접 가지고 가려는데.* 어디에 있느냐고 묻는 사람은 일단 피하고 보라던 엄마의 조언이 생각났다. 나는 전략을 바꾸어 책상에 난 흠집에 관해 알려주었다. 여태껏 책상을 홀로 놔두었으므로 나로 인한 상처는 아니었다. 책상은 태어난 순간부터 지금까지 자기 자신을 무차별적으로 파악하며 살아왔고 그렇기 때문에 온몸에 스크래치가 난 거라고 나는 편지에 적었다. 그리고 그 편지를 친구가 조금은 서글프게 여겨주기를 바랐기 때문에, *책상은 방으로 들어온 뒤 조금씩 커진 걸까?*라는 문장을 덧붙였다. 책상은 한번 떠나면 돌아오지 않을 것이다. 하지만 떠나는 것은 책상이 아니라 나이며, 나는 돌아올 생각이 없는데, 떠난 사람이 돌아오지 않는 이유는 슬픔이 편해서이다. 나는 제품 설명서에 적힌 책상의 폭과 내 책상의 폭이 조금 다르다는 사실, 여러 부품이 모여 책상을 이루고 있다는 사실 그리고 내 책상에 못 스물여덟 개가 박혀 있다는 사실에 놀란다. 나는 나의 책상이 복잡한 사물이었다는 사실을 책상을 뒤집어보고 나서야 처음 알게 되었다는 내용도 편지에 추가한다.

너의 바보에서 떠나 나의 바보로 간다

   책상위의물건을모두
치우고책상이이동할수
있는공간을확보합니다
책상위에있던물건은야

문 옆에
책상을 그렸지만,
그것을 그리자, 어떤 방식으로도
그것이 문을 통과할 수 없는
방법이 떠올라서
그랬던 책상을 지웠다

광봉연필세자루종이컵한개당신은친구에게방에서빠져나
올수없는책상에관한이야기를들려주었습니다그이야기를
친구는꿈으로들어갔다가꿈의입구보다커져서나오지못하
게된사람의이야기로받아들입니다책상위의물건을모두치
우고책상을뒤집거나옆으로눕힙니다이작업은책상다리에
보다쉽게접근할수있도록합니다그리고다리연결부를확인
하세요이렇게까지연결되어있었다는사실이끔찍할겁니다
친구는당신이어디에있는것같으냐고물었습니다대답을못
하자친구는굳이어디에있어야하는건아닌것같다고대신답
했습니다그렇게말하면서친구는당신에게야광봉을선물했
고당신은그것을책상위에올려두었습니다그것은어둠속에
서도빛난다고했지만당신은그표현이마음에걸렸습니다그

것은어둠속에서밖에빛날줄모릅니다그것은어둠에게서도움을받는입장이고어둠을조달받아야하는처지이고어둠에게구걸하는입장인데자신이어둠속에서도빛난다고말합니다그것은어둠의자선적인면을간과했습니다책상위의물건을치우기에당신은힘이없습니다당신은당신이지쳤다는것을보여주고싶기에이글을쓰기시작했고여러가지시도를해보았다는인상을주기위해책상을소환했을뿐입니다그러나이렇게말하는건거짓인데다책상을기분나쁘게합니다나사를너무강하게돌리지않도록주의하세요어차피힘이없겠지만나사산이손상될수도있습니다손상된다는말에당신은과민해집니다다리가잘떨어지지않으면다리를살짝흔들어보세요이행위역시책상의기분을거스를지모르지만반대로책상을행복하게만들지도모릅니다다리가사라진다고해서책상이갑자기새가되는것은아니지만당신은책상을약간은새라고여기게될수도있습니다새가되고싶은이유는자신이어디에있는지모르고싶어서인경우가많고나아가그것을알려주고싶더라도가능하지않기때문입니다주의하세요책상을분해하고남은부품은따로보관하는것이좋습니다그러나잃어버리기일쑤입니다

그런 힘은 존재하지 않는 시간인걸

인공 영혼은 손상되거나 낡아버린 영혼을 대체하는 데 사용됩니다

이것은 단순한 미용 목적이 아니라

사람의 형태를 유지하는 데 중요한 역할을 합니다

인공 영혼은 일반적으로 아크릴, 유리 또는 기타 물질로 만들어집니다

영혼 제거 수술 후 빈 소켓 안에 보형물을 삽입합니다

이 보형물은 소켓의 형태를 유지하고 주변 조직을 지지하는 데 도움을 줍니다

비록 영혼이 없어도, 신체의 형태를 유지하기 위해 인

공 영혼이 필요합니다

그것이 없으면 신체가 바닥에 놓인 낡은 양탄자처럼 퍼져버릴 것입니다

일부 환자들은 영혼의 색상을 바꾸고 싶어 합니다 가령, 머리맡에 연필꽂이가 있습니다 당신은 책을 읽다가 밑줄을 긋고 싶어서 연필을 집습니다 그러나 깎인 연필이 하나도 없습니다 모두 새 연필이지요 그러나 당신은 연필을 깎지 않습니다 새벽 4시인데 왜 연필을 깎겠습니까 그런 힘은 존재하지 않는 시간인걸

일부 환자들은 새사람이 되고 싶어 합니다 일찍 자고 일찍 일어나는 사람이 되기를 소망합니다 그러나 새사람으로 변신하고 새롭게 태어나는 것은 불가능한 소망입니다

우리의 주된 목적은 마음을 복원하는 것이 아니라, 빈 구멍의 구조적 완전성을 보존하는 것입니다

말하는 것이었는데

she shoveled five graves

to bury

herself where even she couldn't

remember

parachutes were

found in the graves*

시작 노트: 짧은 시를 제출해서 죄송합니다. 저는 생존 전략으로, 최대한 적게 말하며 최대한 짧은 시를 쓰고 있습니다. 비-한국어 환경에 처하기 전까지, 저는 한국어로 긴 시를 쓰는 것을 즐기는 사람이었습니다. 긴 시를 쓰면 파산하는 기분이 들곤 했습니다. 시 수업에서 도서 보존실 탐방을 갔을 때였습니다. 테이블에 펼쳐진 달을 보았습니다. 누군가 달을 내려다보며 담배를 피워서, 달에 담배 자국이 남아 있었습니다. 비-한국어 화자들은, 달의 비가역성에 대해 말하는 듯했습니다. 그런데 지구와

달 사이에는 시차가 없다는 사실을 알고 계시나요? 한국에 있는 엄마와 통화를 하는 일보다 달에 사는 낯선 이와 통화를 하는 일이 쉽다는 얘기입니다. 이곳에서는 시간이 남아돕니다. 대화는 부스러기와 허공으로 구성됩니다. 달을 얕은 물에 담그는 것이 하나의 방법이라고 그들은 말하는 듯합니다. 그러나 그것은 약간 침습적일 수 있다고도 덧붙이네요. 사람을 볼 때 가장 먼저 보이는 건 상처가 아니에요. 그들의 말소리가 들리네요. 저는 그들의 언어에서 부스러기가 왜 불가산명사인지 이해가 되지 않습니다. 바닥에 떨어진 이 부스러기들을 하나하나 셀 수 있는데 말입니다. 아주 멀리 떨어져 있는 것 또한 침습적일 수 있습니다. 달과 지구의 시차가 성립하지 않는 것은, 달의 자전과 공전 주기가 같기 때문입니다. 또한 그래서 지구에서는 달의 한쪽 면만을 보게 됩니다. 그러나 우리가 달 표면의 상처를 관측할 수 있다면, 멀리 있는 것이 무슨 소용일까요? 저는 한국에서 신발을 한 짝만 가져왔습니다. 이 동네에서는 전기선에 하얀 운동화를 잔뜩 걸어둡니다. 치즈를 냉장고에 보관하는 것과 달을 보관하는 것 사이에 모종의 관계가 있다고 그들이 말하는 듯합니다. 죄송합니다. 당신이 말하는 동안 부스러기들을 셌습니다. 저는 이해하지 못하면서 웃다가 걸릴까 노심초사합니다. 한 친구가 상담을 받으라 조언했습니다. 그들의 언어를 공짜로 배울 수 있는 수업이라면서요. 더불어, 말하기에 대한 저의 불안을 줄여줄 것이라 합니다. 그러나 왜 그래야 할까요. 제가 그만두기만을 그토록 원했던 유일한 것이

*   그녀는 다섯 개의 무덤을 팠다
  자신이
  어디에 묻혔는지
  모르기 위해서
  무덤에서는
  낙하산이 발견되었다

시작 노트

그들의 마음

　오래전부터 그들의 마음이 궁금했습니다.

　그들의 역할은 낮과 밤을 구분하는 것입니다. 그들은 진행자일 뿐, 게임에는 참여하지 않습니다. 아침이 오면 아침이 되었다고 말하고, 밤이 오면 밤이 되었다고 알립니다. 토론과 투표를 진행하고 마피아에게 지목당한 시민을 발표합니다. 밤새 누군가 죽었을 수도, 모두가 생존했을 수도 있죠. 그들은 감정 표현을 자제하며, 어느 편에도 치우치지 않고 중립을 유지합니다.

　저는 이 게임에서 사회자를 자처하는 사람의 심리가 궁금했습니다. 혼자만 게임에 참여하지 못하고, 게다가 게임을 진행하는 부담까지 짊어져야 하는데, 누가 사회자를 하고 싶어 할까요? 사회자를 맡은 친구에게 늘 미안한 마음이 들었습니다.

　그러나 꼭 사회자를 자처하는 친구가 있었습니다.

　그 친구는 '난 사회자 할게!' 하고 손을 번쩍 들고는, 게임이 몇 차례 진행되는 내내 사회자의 자리에서 내려오지 않았습니다. 친구는 밤과 낮을 가를 뿐, 이야기에 속하지 않았습니다. 보통은 참여자들이 돌아가며 사회자를 맡지만, 친구는 사회자의 자리를 고집했습니다. 마치 게임에 참여하기 두려운 것처럼 혹은 게임에 참여하지 않을 때에만 느낄 수 있는 또 다른 재미가 있는 것처럼 말입니다.

오랫동안 그들의 마음이 궁금했습니다.

리디아 데이비스의 단편*을 읽으면서 비슷한 생각을 했습니다. 주인공은 어떤 남성과 데이트 약속을 합니다. 상대가 주인공을 데리러 오지만, 그녀는 나가지 않습니다. 발코니에서 그를 바라볼 뿐이었죠. 그리고 자신이 왜 아래층으로 내려가지 않는지 당황스러워합니다. 상대방이 마음에 들지 않기 때문도, 불안 때문도, 악의 때문도 아니었습니다. 순간, 자신이 사회 밖에 존재하는 사람처럼 느껴졌기 때문이었습니다. 자신이 존재함을 깜빡했기 때문이었습니다. 그녀는 말합니다. 자신이 무효화하고 있던 것은 그가 아니라 자기 자신이었다고요.

존재하지 않는 것의 미덕은 생각보다 많을지도 모릅니다. 사회자 혹은 서술자가 누릴 수 있는 특권 중 하나는 자신의 생존을 걱정할 필요가 없다는 점입니다. 그들은 죽을 위험이 없습니다. 다만, 살아 있다고 말하기도 애매하죠.

자기 이야기를 안 하는 사람은 훌륭한 이야기꾼이 될 수 있다고 생각합니다. 가장 좋은 이야기꾼의 자질은 '존재하지 않기'일지도 모른다고요. '존재할 생각 없음' '게임에 참여할 생각 없음' '남만 존재하게 하기'. 이건 사실 이타성보다 무책임에 더 가까울 것입니다. 다만, 육신 없이 영혼으로만 부유하는 상태가 궁금합니다. 전 늘 죽음이 두렵습니다. 세상에 속하지 않는 느낌을 연습한다는 건, 죽음의 한 모습을 예습하는 일일지도 모르겠습니다. 이야기에 참여하지 않고, 참여자들을 바라보며, 밤과 아침을 알리고, 그런 상태가 죽음이라면……

물론, 아직까지는 마피아 게임을 하며 사회자를 할 생각은 없지만요.

* "Blind Date", *The Collected Stories of Lydia Davis*, Picador, 2010.

추천의 말

강동호

문보영의 시에는 정체 모를 사물들로 인해 교란되고 낯설어진 기묘한 시적 시공간이 펼쳐져 있다. 흥미로운 것은 이 장면을 메타적으로 응시하는 화자가 마치 혼란을 더욱 심화하려는 듯 엉뚱하고 능청스러운 말들로 사태를 언어 속에 실재화한다는 점이다. 그러나 언뜻 장난스러워 보이는 그의 언어를 따라가다 보면, 그것이 의외로 진지한 자기 탐구의 의지에 의해 견인되고 있음을 확인할 수 있다. 문보영의 말놀이는 세계의 비애에 짓눌리지 않기 위한 삶의 연습, 즉 자유를 향한 감각적 자기 훈련이기 때문이다.

오은

문보영의 시를 읽을 때면 자연스레 '점프컷(jumpcut, 영화를 편집할 때 관련이 없는 두 개의 숏을 하나의 신 안에서 연속으로 이어 붙이는 기법)'을 기대하게 된다. 그것은 난데없음이 이의 없음이 되는 과정, 뜬금없음이 상관없음이 되는 과정과 같다. 달음박질하는 연상 속에서 이인삼각을 수행하는 기분이 들기도 한다. 이는 어떤 상황이 이야기가 되기 위해서는, 그 이야기가 필경 시가 되기 위해서는 '틈'이 꼭 필요함을 보여주는 것이기도 하다. "아주 멀리 떨어져 있는 것 또한 침습적일 수 있"(「말하는 것이었는데」)음을 깨달을 때, 점프는 마침내 천장을 만난다. 그에게는 이 천장이 바깥세상으로 나가는 비밀스러운 문이자 현실과 상상을 이어주는 다리이다. 틈을 발견하기 위해서는, 그 틈으로 빠져나가기 위해서는 이 달음박질에 기꺼이 동참하는 수밖에 없다.

이수명
시란 무엇인가 하는 문제는 곧 시와 반反시의 대결로 이어진다. 이는 문보영의 시가 산출되는 자리이다. 그의 시는 시적인 것이라고 생각되는 관습적 사유를 넘어서거나 이에 반격을 가하는 포지션이야말로 곧 시를 반성하게 하고 새로 탐색하도록 하는 것이라 선언하는 듯하다. 한 문장에서 다음 문장으로 이동하는 시의 추동력이 독특하게 반사와 발견에 있는 까닭이다. 방으로 들어가기는 했지만 나오지는 못하는 책상, 나사에 의해 분리된 책상 다리, 여러 물질로 만들어진 인공 영혼 등 오브제들의 노출과 반격은 클리셰를 드러내며 비껴가는 방식으로 시가 진전하는 모습을 보여준다. 새로운 시가 출현하는 방식이다.

조연정
시인이 써내는 무성한 말은 어떤 마음을 온전히 드러내는 대신 감추기 위한 것일 때도 있다. 가령 문보다 큰 책상을 문밖으로 꺼내기 위한 고군분투에 관한 엉뚱한 이야기는 "불현듯 친구를 사랑한다는 사실을 깨달아 급하게 편지를 썼다"(「너에게 수상함이 없었다면 너를 좋아하기 힘들었을 거야」)는 사실을 고백하기 위한 것이기도 하다. 슬픔이 편해서 떠난 사람, 자신이 어디에 있는지 모르고 싶은 사람, 영혼을 바꿔서라도 마음을 복원하고 싶은 사람, 실은 최대한 적게 말하고 싶었던 사람의 여린 마음으로 씌어진 능청스럽고 장황한 편지가 바로 문보영의 시라고 할 수 있다. 그러한 마음을 감추기 위해 오히려 쓰고 있다는 사실을 숨기지 않고 드러내는 문보영의 허둥지둥 고백은 게임의 일종이라기보다는 그저 진심에 가깝게 읽힌다.

하재연
문보영의 시를 읽으며 독자는 일종의 (언어) 시뮬레이션 게임을 실행하는 듯한 경험 속에 놓인다. 눈앞에 배치된 여러 가지 풍경 중 어떤 아이템(사물/단어)을 선택(발굴/사용)하는가에 따라 엔딩이 달라지는 분기형 서사. 그의 시에서 현실의 완고한 필연성은 힘을 잃고, 인간과 사물은 원근의 초점이 지니는 구속력에서 벗어난다. 동시대의 감각을 선명하게 견인하면서도 언제나 위트를 잃지 않는 그의 독보적인 개성은, 그럼에도 특유의 페이소스를 동반한다. 유쾌한 말들의 몸짓으로도 삶의 엄정한 원칙을 쉽게 초월해 버릴 수는 없다는 사실은, 시가 기억해야 할 최소한의 윤리일지 모른다. 문보영이라는 희귀한 예는 게임과 윤리라는, 대단히 어울리지 않는 단어들의 미학적 조합을 가능하게 한다.

신이인

2021년 『한국일보』 신춘문예를 통해 작품 활동을 시작했다.
시집 『검은 머리 짐승 사전』
『나 외계인이 될지도 몰라』 등이 있다.

◆ 「새」「꿈의 옷」「뱀」「사치」의 출처는 『나 외계인이 될지도 몰라』(문학동네, 2025)이며 본사의 원칙에 따라 일부 표기를 수정했다.

새

2017년 2월 3일

딱따구리를 데리고 있다. 이것은 내 약점이다. 딱따구리는 어디든 구멍을 낼 수 있으니까. 사람의 머리통에도.

딱따구리는 내 머리 옆쪽에 구멍을 뚫어주었다. 그건 정말이지 환상적인 사고였다. 귀가 생겼다. 딱따구리가 어찌나 청명하게 나무문을 쪼고 다니는지가 다 들렸다. 난 비로소 듣는 사람이 됐다.

나의 방문은 말할 줄 몰랐다. 내가 듣지 않는 사람이었기 때문이다. 이제 방문은 딱따구리를 통해 내게 말을 전할 수 있다. 나는 그걸 즐겁게 들을 수 있다.

딱따구리가 부리를 사용하는 이유, 날 즐겁게 하기 위해서가 아니라, 문이나 벽 또는 모자걸이의 말을 발굴해주기 위해서가 아니라, 구멍을 뚫기 위해서, 자기 몸이 통과하기에 충분한 길을 내기 위해서라는 사실을 알았을

때에

  내가 가진 견고한 것에는 모두 구멍이 나 있었으며, 딱따구리는 사라지고 없었다.

  나는 가진 것을 전부 내놓고, 딱따구리를 찾을 수 있다면 누구에게 무엇을 주어도 좋다는 식으로 대로에 나가 허물어졌으나

  이미 좀먹을 대로 좀먹은 내 모든 것에는 아무도 관심을 주지 않았다.

  시간이 흘러 나는 머리통에 난 구멍이 생각보다 컸었다는 걸 알게 되고, 반대로 딱따구리는 생각만큼 크지 않았던 것 같다고

  돌이켜보았다. 어쩌면 딱따구리는 도망간 게 아닐지도 몰라. 아예 내 안쪽으로 들어온 거야. 그게 아니라면 이렇게 딱따구리가 느껴질 수는 없어. 이 느낌에 대해 나 여전히 말을 멈출 수 없어.

  가장 깊숙한 곳에 너 잘 살아 있어. 집인 줄도 모르고 흔들렸던 집이 너를 온전하게 품고 있어. 구멍으로 볕과 공기가 들이닥쳐.

  너 거기 있구나. 덕분에 나는 구석구석 파여가며 안쪽이 하는 말을 받아쓸 수 있게 됐다. 비로소 쓰는 사람이 됐다.

꿈의 옷

 이 티셔츠의 가슴팍은 여전히 축축해진다 이제는 세수하면서 팔꿈치로 물을 흘리지 않지만 수박을 씹다가 찐득해진 손을 옷에 마구 닦지 않지만

 밖에서 입을 수 없는 이 티셔츠 유행 지났고 면에 보풀이 많고 안 지워지는 얼룩이 생겨버렸고 자기 전에야 은밀히 꺼내 쓰다듬어보는 티셔츠 집에는 아무도 없지만 아무도 나의 자는 모습을 보아주지 않지만 나는 주위를 한번 둘러보고 이것을 입는다

 익숙한 냄새다 그러나 그리운 냄새야 고작해야 나의 냄새일 텐데도 내 콧속에서 나는 냄새 같은 건데도

 누가 이걸 입은 날 보았나 누가 촌스럽고 낡아빠진 구질구질한 나를 봤을까 나는 이것을 외출복으로 권했던 사람과 예뻐하며 비슷한 것을 갖고 싶어 했던 사람 또 이

것을 함께 입었던 사람의 이름을 부른다

 너희들은 어떤 옷을 입고 자니 세상의 잠옷이란 원래 이따위일까 사랑받은 옷의 말년이 모두 이 모양이라면 나는 울지 않고 이쪽에서 저쪽으로 침대에서 꿈으로 넘어갈 수가 없을까— 나는 누워서 옷으로 눈을 닦는다 세상에 아직도 이것을 입고 있다 그리고 처음 이것을 입었을 때의 기쁨과 포근함 자랑스러움 안락함이 가슴 중심에서부터 서서히 퍼져 나가는 것을 느낀다 아직도 말이다

 미약하게나마 나는 여전히 느끼고 있고 느껴지는 한 괴롭지 않다 느껴지는 한 외롭지 않다 느껴지는 한 나는 똑바로 누워 한 사람 한 사람 이름을 부른다 모두 저쪽으로 가버린 사람들이군 영영 저쪽의 사람들이군 어디 보자…… 너희들은 어떤 옷을 입고 다니게 되었니

뱀

 움직여야 할 것이 움직이지 않아 들여다보니 그 속이 텅 비어 있었다. 껍질만 남기고, 속은 텅 비어 있었다. 이것은 창자다. 투명 창자. 되고 싶은 생물을 산 채로 먹어 치우고 그것이 자신인 척하는 창자. 그런 장기가 내 것이었다. 나는 배를 안고 허리를 숙인다. 쌔한 기운이 무엇인가를 짐작게 한다. 나의 속은 텅 비어 있다.

 허물이라는 말에는 두 가지 뜻이 있으며 허물의 주인들은 그 두 가지 모두를 감내한다. 나는 허물을 쥐고 집집마다 찾아다니며 대문을 노크한다. 실례합니다만, 이 허물에 꼭 맞는 생물을 찾고 있습니다. 저는 그 생물의 주인이었습니다. 생물을 잡으러 온 것이 아닙니다. 그저 그가 행복해졌는지를 알고 싶습니다. 어떻게 행복해졌는지를 나도 알고 싶습니다.
 그러나 허물의 폭과 길이, 주름과 문양에 꼭 맞는 생물은 만날 수 없다. 당연하게도, 그건 애초부터 단 한 생물의 옷이었는데, 그 생물에게도 작아서 버린 옛날 옷이지 않겠는가? 누가 자라지도 않고 어린 시절의 옷을 입으며 살겠는가?

 바슬바슬한 허물은 내 요긴한 주머니로나 남아 이것저것을 삼키고 보관하며 지냈다. 겉모습이 신기했기에, 사람들은 호기심을 갖고 눈길을 주었다가 표면에 비치는 소지품들을 모두 보곤 하였다. 나는 그것이 싫어 사람들과 내용물 중 하나만 선택하며 살았다. 안과 밖 중 무엇을 메우기 원하는가, 그날그날의 추구를 따라, 허물은 나보다 오래 살았다. 지금 와서 생각해보면 그건 그냥 비닐 쓰레기였다. 썩을 줄도 모르는……

사치

 널 기다리다가, 엄청나게 반질거리는 실크 슬리브리스 원피스를 사고 말았다 전적으로 네가 늦었기 때문
 헐레벌떡 뛰어온 너의 얼굴에 원피스를 던진다 이런 몰지각한 행위, 역사적으로 낭만이라 불려온
 이 악랄한 자식아, 이제 난 기차표를 살 수가 없다 약속대로라면 우리 정시에 만나 시베리아를 횡단하는 열차를 타야만 했는데 너 게을렀지, 다음 차를 타면 된다고, 마음대로 생각했지, 마음대로? 누구 마음대로? 내 마음대로 나는 순식간에 가난해지고 말았다 평소 입지도 선망하지도 않는 이 웃기는 옷을 사버렸다고, 다 끝났다
 너는 혼자서 길고 추운 땅을 가로지르며, 그저 짐짝처럼 실려 가고 있을 뿐인데도 마치 그 고통 속을 직접 내달리는 것 같은 비참함을 느끼며 울었다 너의 꿈속에서 나는 파티에 있고 술을 마시고 사람들에게 기대 웃네 그중 누군가의 팔에 팔을 얽고 유람선을 타고 우리가 갈 뻔했던 나라 가고 싶어 했지만 차마 입 밖에 내지 않았던 그

나라로 떠날 수도 있을 것 같지 과연 그럴까? 네 꿈속을 한번 둘러본 나는 어처구니가 없어 웃고 말았네 돌이켜 보면 지독한 악역의 조소처럼 보였을 것 같은데

  실크 원피스를 입자 한순간에, 나는 헐벗은 사람이 되고 말았단다 이 나라에서는 지나치게 춥고 흉하고 괴상하고 부담스러운 모양새가 되고 말았단다 우리가 가려고 했던 시베리아로는 미치지 않고서야 향할 수 없는 차림이 되고 말았단다 나는 가능한 한 가장 싼 방에 들어가 내가 윤이 난다는 사실 하나만 끌어안고 너와 시베리아와 꿈과 맞바꾼 이 사실을 포기하지도 못한 채 거울을 보며 살았지 사람들은 날 나르시시스트라고 불렀고 말이다

시작 노트

쓰는 사람

여느 지면에서처럼 나에 대해 말하기를 시작한다.
이 일은 재미있을뿐더러 내 직군에서 비교적 허락되어 있는 특권 같다. 자기 이야기를 끝없이 늘어놓는다면 어지간해선 빈축을 사고 말 텐데, 어떤 사람들은 자꾸 마이크를 받는다. 무엇이든 좋으니 이야기를 해달라고 요청받는다. 지금처럼. 이런 사람이 된 것에 안도감과 자괴감을 느끼며 살아간다.

본래 나는 문학가를 꿈꿀 정도로 생각이 깊고 질이 높은 인간은 아니었다. 칭찬받는 기분을 좋아했으며 그럭저럭 그럴듯한 대학교에 가고 싶어 했기에 어찌어찌하다가 시를 쓰게 됐다.
내게는 사춘기를 유별나게 겪는 아이들의, 유별날 것 없이 예민한 딱 그 정도의 감수성만 있었다. 시인에게 주어지는 천부적인 자질은 없었다. 단지 일반 고등학교에서 남들이 잘 사용하지 않는 무기를 찾았고 그것을 괜찮게 다뤘다고 생각한다. 시는 내 자기효능감의 도구였고 부모가 원하는 인간이 되기 위한 편법이었다.
대학에 입학한 뒤 몇몇 예고 출신 동기는 문학을 등졌다. 나도 그럴 수 있었다. 시에게 여기까지 널 잘 사용했어, 날 도와줘서

고마워, 말하고 다른 과 수업을 듣거나 교직 이수를 하거나 해서, 한층 더 그럴듯한 세상의 일원이 되기 위한 방법을 찾아나설 수 있었다.

그러나 슬프게도 나는 시에 반응하고 있었다. 그 시절에는 중앙도서관에 가서 떨어진 책등을 테이프로 붙인 시집을 빌려 읽었다. 그걸 읽다 말고 현기증 비슷한 떨림을 느끼며 앉아 있는 일을 좋아했다. 수업에서 꼭 마음에 드는 시구를 적던 타과생에게 다가가 어디에서 무엇을 하며 자랐느냐고 이것저것 캐물어본 적도 있다. 너는 시를 못 쓴다며 자존심을 건드리는 교수 앞에서 눈물을 보이고 애 봐라, 운다, 웃음을 사기도 했지. 한 언니는 여학생이라면 그 교수와 잠자리를 해야 등단할 수 있다는 소문을 냈다. 나는 그 언니를 찾아가 크게 따졌다가 얼마간 안티페미니스트 취급도 받아보았다.

사실 마음속 은근한 곳에서는 시인이 되기를 바라지 않았다. 한때 내가 가고 싶던 세상에서 시인은 볼품없는 오이처럼 쪼그라든 채 주변의 후원을 받는 사람이었다. 또는 제자들을 모아 왕궁을 짓고 그 안에서 마음껏 날뛰는 사람이었다. 나는 농구 경기를 관람하고 보도 자료를 작성하는 사람, 기업의 홍보 영상과 카피를 제작하는 사람, 상냥한 미소를 띤 승무원이나 세일즈맨 같은 게 되고 싶었다. 그때부터 적어도 시인이 멋있지 않다는 건 알고 있었다. 돌이켜보면 그걸 다 아는 사람들끼리 왜 그렇게 시를 썼을까. 무엇 때문이었는지 정확히 알 수가 없다. 자아실현의 욕구도 지적 허영도 사랑도 아니었는데. 그런 단어에 맞아 들어가는 마음이 아니었는데. 우리는 무엇에 매료당하고 세뇌당해서 읽고 쓰고 느끼고…… 그러다가 여기까지 오게 됐을까.

사람들은 시인을 뭐라고 생각하고 있을까? 시인이라고 하면, 종종 하찮은 초능력자가 된 것처럼 이목을 끌고 귀여움을 받는 상황이 생긴다. 그럴 때면 주변의 기대를 충족해주고 싶다. 사탕 껍질 같은 미사여구를 달아가며 난 이토록 재미있고 특별한 시인이라고 보여주어야 할 것 같다. 정작 내가 아는 시인이란 오래전부터 마른 오이와 연산군 같은 거였다고 고백하지 못한다.

최근에는 단언할 수 있게 되었다. 시는 나를 근사한 사람으로 만들어주지 못한다. 과거에도 그랬고 지금도 마찬가지이다. 앞으로도 그럴 것이다.

그러나 시가 아니었다면 나는 무엇에 전율하고 무엇에 분노하며 무엇에 작아졌다가 커지는 존재였을지 알 수 없다.

시에도 썼지만, 시는 내 머리통에 구멍을 내주었다. 나는 속이 훤히 들여다보이는 머리통을 갖게 되었다. 또 생각하는 대로, 생각나는 대로만 쓰게 되었다. 시 앞에서 거짓될 수 없다. 신처럼 시를 짓고 부수고 고칠 수야 있다. 그러나 시는 내 고해성사를 듣는 건물의 벽이다. 내가 시보다 강하다고 어찌 단언할까.

 시는 내 무기가 아니었다. 재산도 재능도 아니었다. 시를 쓰고 이용해 무엇을 얻고자 했던 시기를 지나왔다. 돌아가기에는 멀리 왔다. 시를 매개로 무엇도 원하지 않고 원할 수 없음을 알았는데, 이제 여기에는 시와 나 둘뿐인데.

 고해소에 아무도 없고 우리만 있게 된 지 오래다. 이제 어떻게 하지? 시에게 묻고 있다. 시는 삶을 이끌어줄지도 모른다. 천천히 앞서가는 시를, 난 어디로 가는지도 모르면서 뒤쫓게 될지도 모르겠다. 어쩌면 곤경에 빠져버릴 수도 있다. 시가 시키는 대로 마음의 궁핍함과 아이러니를 핥으며, 내가 알던 세상의 기쁨과는 한 발짝씩 멀어질 수도 있다. 그런 게 내가 원하는 중년의 삶일까. 노년의 삶일까. 그런 것이 싫어서, 시를 적당히 두려워하거나 등한시하면서도 시인으로서의 자존심만 부리는 사람이 되면 어떡하지. 늘어진 시를 억지로 주물러가며 주도권을 잡으려 노력하는 돌팔이로서, 세상과 나를 속이는 사람이 되면? 이런 말은 너무 오만한가. '돌팔이 되기' 또한 시인의 뻔한 운명 중 하나일 수 있는

데. 게다가 돌팔이들에게는 어느 정도 유쾌함이 있고 공익적인 면모도 있지 않은가. 좋은 말만 해주는 점쟁이와 두통약으로 둔갑한 레몬사탕이 되는 일이 뭐 그리 나쁠까.

어떠어떠한 삶을 살아야겠다고 계획하고 애쓴들 그대로 되지는 않는다는 것을 세상은 교묘하고 충분하게 보여주었다. 그곳에서 나는 내 복이나 기도하는 사람이 될 수도 있었지만…… 언젠가부터 그저 내려놓고 말하고 싶었다. 말하고만 싶었다.

추천의 말

강동호

언뜻 들으면 솔직한 혼잣말처럼 느껴지는 신이인의 시는 젊은 세대의 에너지와 감수성을 고스란히 반영하는 것처럼 보일 수 있다. 그러나 일종의 건강한 자기애처럼 보이는 이러한 면모는 겉모습과 달리 그렇게 가볍고 단순한 것이 아니다. 그의 시는 발랄하게 흘러가다가도, 불시에 타자로부터 받은 아픔과 흔적 들을 드러내며 정체를 알 수 없는 묘한 페이소스를 남긴다. 이 아이러니한 균열을 절묘하게 담아내는 신이인의 시적 자기 진술은 그 스스로를 비추는 동시에 우리 모두를 비추는, 불온하면서도 사랑스러운 세대론적 거울이다.

오은

신이인은 받아쓰듯 쓴다. 영검한 존재로부터 들은 말을 받아쓰는 것이 아니다. 그것은 딱따구리의 부리로부터, 티셔츠의 보풀로부터, 허물의 주름으로부터, 실크 슬리브리스의 감촉으로부터 감각되는 것이다. 그러나 이 감각은 '나'가 주도하지 않으면 어지간해서는 깃들지 않는다. 구멍을 내는 것도, 보풀을 일게 하는 것도, 허물에 주름이 지게 하는 것도, 실크 슬리브리스의 반질거림을 생생하게 느끼는 것도 다름 아닌 '나'다. 그의 시에 자주 등장하는 '입는 행위'와 '입어야 할 옷을 잃어버려 텅 빈 상태'가 번갈아 가져다주는 긴장은 어쩌면 감각을 찾고 되찾는 강렬한 몸짓에서 비롯하는 것일지 모른다. 신이인이 "그날그날의 추구를 따라, 허물은 나보다 오래 살았다"(「뱀」)라고 고백할 때, 감각의 끝에 남는 운치를 떠올렸다. '시'라는 옷이 보여줄 수 있는 맵찬 맵시가 거기 있었다.

이수명
시각적 형상에 대한 유니크한 관전 포인트를 보여주는 신이인의 시는 나날이 발전하고 있다. 머리 옆쪽에 귀라는 구멍을 뚫어주는 딱따구리, 꿈의 옷으로 이동하는 유행 지난 티셔츠, 누군가가 벗어버린 허물로 묘사되는 비밀 쓰레기봉투 등은 단지 명명과 윤곽에 그치지 않는다. 오브제들은 활성화되어 존재화하는 방식으로 그려진다. 우리 앞에 나타나는 것은 사물의 압도적 확장이다. 이것이 그의 시를 강하게, 발견의 시로 만든다. 한편 "이 악랄한 자식아" "누구 마음대로?"(「사치」)와 같은 무조건적인 구어체의 선공은 신이인 특유의 갇히지 않는 언어의 활강으로 분사된다. 살아 있는 언어의 시다.

조연정
시적인 것이란 무엇일까. 신이인의 시를 읽다 보면 이제까지 우리가 이런저런 방식으로 막연하게나마 정의해온 시적인 것의 경계가 통쾌하게 허물어지는 듯한 흥미로운 경험을 하게 된다. 어떤 단어나 사물이 주어지든 시적인 것을 무한히 색다르게 창출해낼 수 있는 고유의 생성 문법을 지닌 듯 보이기도 한다. 그 문법이 작동하는 방식을 가늠해보는 일이 신이인의 시를 읽는 재미가 될 것이다. 시인 자신이 보는 것, 생각하는 것, 느끼는 것, 즉 시시각각 감각하게 되는 모든 것을 시적인 것으로 바꿀 수 있는 능력을 지닌 시인은 "나는 여전히 느끼고 있고 느껴지는 한 괴롭지 않다 느껴지는 한 외롭지 않다"(「꿈의 옷」)라고 말한다. 이는 신이인의 시의 폭이 무한히 확장될 수 있는 이유일 것이다.

하재연

신이인의 시는 막힐 대로 막혀버린 이 세계의 통로가 되어준다. 바람이 지나가고 소리가 들리는 구멍을 통해 말을 전하는 딱따구리가 드나들고, 저쪽으로 가버린 사람들의 표정이 보인다. 통로란 구멍이기도 하니, 이를 지닌 사람들은 알 것이다. 그들은 때로 허전하고, 때로 자신이 빈껍데기처럼 여겨지기도 한다는 것을. 어쩌면 "그냥 비닐 쓰레기"처럼 무엇이 담기느냐에 따라 불룩해지거나 뾰족해질 뿐 드러내 보일 만한 실한 내부도 없고, 심지어 "썩을 줄도 모르는"(「뱀」) 듯 끔찍하게 느껴진다는 것을. 그러나 쓰는 사람으로서 그가 감내하기로 한 이 존재의 뚫림으로 인해, 우리는 한 숨만큼은 더 새로운 공기를 들이마시게 되었다. 그렇게 듬성듬성하게 뚫린 구멍들을 통과한 빛을 만나는 이들이 있을 것이다.

유선혜

2022년 『현대문학』 신인추천을 통해 작품 활동을 시작했다.
시집 『사랑과 멸종을 바꿔 읽어보십시오』 등이 있다.

모텔과 인간

 방에는 성행위에 필요한 모든 것이 있었고 그 외에는 아무것도 없었다.

 나는 이불 속에 있었고
 표백제와 건전지 냄새가 났다. 어느 정도는 여자인 기분이 들었는데 그 사람이 나를 만지던 순간에는 거의 여자였을지도 몰라.

 거의 인간이었을지도 모르지.
 어쨌거나 그는 완벽히 인간이었다. 그 사실을 깨달았을 때 방에서 나가고 싶었지만 먼저 나간 것은 그 사람이었고

 나방의 날개가 벽에 부딪혀 타닥댔다. 이 방의 창문은 아주 작았고 방충망도 붙어 있었으나 나방은 틈을 비집고 이곳에 도착했으며 벽에 날개를 문지르는 소리는 형광등이 미친 듯이 깜빡이는 소리와 비슷했다.

인간은 다른 종의 이목구비를 구별하지 못하기에 나방의 표정을 읽을 수 없는 것처럼 그가 나에게 흐릿한 인상 혹은 전형적인 몸짓으로 남기를 바랐는데

 그의 다리에 모기 물린 자국이 보였다. 상사의 무능력 후배의 실수 위장에서 녹고 있는 점심 메뉴로서의 수제 햄버거와 감자튀김 인생 영화에 대한 한 줄 평과 최근에 읽은 기사를 통해 촉발된 정치적 의견을

 들었고 거기까지는 그럭저럭 괜찮았지만
 유년의 상처와 내면의 불완전함에 대해
 그를 완벽한 인간으로 만들어주는
 지나치게 인간적인 것들에 대해 그가 이야기하기 시작했을 때
 나는 협탁을 더듬으며 휴지 갑을 찾고 있었고 방을 가득 채운 냄새를 견디기 힘들었다.

 그가 불을 켜자 나는 그 사람의 몸을 명확히 식별할 수 있었고 우리가 같은 종이라는 사실이 다소 절망스러웠으며 이 방에 남성과 여성 외에는 아무것도 없었는데

나는 진심으로 그에게 인권도 자유도 양심도 사상도 없기를 바랐지만

　그가 나방을 내쫓기 위해 흔드는 손과 보송보송 털이 난 나방의 몸통과 털 없이 매끈한 그의 엄지발가락과 나방의 날개에서 떨어지는 탁한 가루와 그의 턱끝에서 떨어지던 땀과 그의 아주 구체적인 몸짓이
　인간에게서
　인간이라서 떨어지는 미세한 가루 같아서
　기침이 나올 것 같았고

　그 사람은 유행하는 드라마를 보자고 했다. 나는 돌아누웠는데 그가 샤워를 마치고 방에서 나갈 때까지 인권과 자유와 양심과 사랑을 방치하는 마음으로 그렇게 있었다.

모텔과 리모컨

리모컨으로는 이 방의 모든 것을 조종할 수 있었고 그 외에는 아무것도 할 수 없었다.

나는 이불 속에 있었고
손가락을 움직여 전체 등과 세 개의 부분 등을 차례대로 껐다가 켰고 동영상 스트리밍 서비스와 최신 영화의 장르별 목록도 죄다 눌러보았다.

그 사람이 보자고 했던 드라마는 누군가에 의해 3화까지 시청된 기록이 있었고 리모컨을 내려놓자 예고편이 자동으로 재생되었다.
확실히 그 드라마가 주는 느낌은 나쁘지 않았다.
그 사람과의 행위도 나쁜 느낌은 아니었어.
그건 완전한 합의에 의해 순조롭게 진행된 사건이었지.

그런데 나는 언제부터 인간이었을까?

이 방에 체크인을 하던 순간부터 혹은 불을 끄고 속옷을 벗은 순간부터? 아니면 그 사람이 나를 만지고 내가 복수라도 하듯이 그 사람의 성기를 쥔 시점부터?

새로운 인간을 탄생시킬 수 있는 어떤 가능성을 가진 행위에 열중하던 그 와중에 나방이 방 안을 날아다니고 무언가가 분출되고 분열하는 것 같았던

8할 정도 여자였던 그 모든 순간으로부터?

나방은 약 18만 종이 있고 날개의 길이는 4mm에서 140mm에 이르기까지 다양하며 난형의 알을 뚫고 나와 유충과 번데기의 시기를 거쳐 성충이 된다. 드라마가 한 화의 끝에서 10초 후 다음 화로 넘어가는 것처럼 알이 나방으로 변하는 과정은 미끄러운 경사면과 같아 칼같이 나누어지지 않는다.

그의 다리는 가느다랗지 않아서
핀을 꽂아 표본으로 만들 수 없고
인간을 표본으로 만들어서도 안 되었다.

내 옆에 누워 있던 것이 커다란 날개를 떠는 벌레였다면 그것을 안아줄 수 있었을 테고 이 방을 이용했던 사람

들은 시청 기록을 남겼다. 이 방을 다시 방문하지 않을 것을 잘 알았기 때문에 금연 객실에서 담배를 피웠으며

  기침이 났다.
  악취에 익숙해지는 것은 금방이라고 생각했는데
  나는 적어도 느끼는 척하는 방법은 확실히 알았고 권리와 사상과 의무가 없는 척하는 법도 알았는데

  나는 돌아누웠고 환기가 안 되는 창 밖에서 경적이 울렸고 옆방에서는 대답처럼 신음이 들렸으며 그 소리는 비명에 가까워서 확실히 연기는 아닌 것 같았다. 형광등이 타닥댔고 목에서 침냄새가 났다. 씻기 위해 몸을 일으켰다.

모텔과 변기

 화장실에는 대용량 샴푸와 바디 워시가 있었고 그다지 청결하다는 느낌은 아니었다. 나는 변기에 앉아 있었고

 내가 여자라고 생각해도 될까?
 아마도 인간이 되고 싶었던 것 같기는 한데
 속고 있다는 느낌을 지울 수 없었다.

 물을 내리자 변기가 막혔다는 사실을 알게 되었고 변기에서 휴지가 역류하며 콘돔이 함께 떠올랐다. 나는 변기 덮개를 내리고 샤워기를 틀었다. 곧 이 방을 나갈 것이었으므로 내가 해결해야 할 문제는 아니었다.

 확실히 그 사람과의 행위는 문제가 아니었다.
 이 방에서 일어난 일은 완전한 동의가 전제된 자연스러운 사건이었어. 합의에 이르기까지 그의 설득이 다소 많은 비중을 차지했던 것도 사실이었지만

욕조에 누워 수도를 틀고 온몸이 물에 잠길 때까지
그렇게 있었다. 수위가 높아지자 작은 나방의 사체가 수면 위를 떠다니고 있는 것이 보였다. 죽은 나방과 함께 반신욕을 하는 기분은 생각보다 나쁘지 않았고 만약 그 사람이 옆에 있었다면

투명하게 비치는 그의 나체를
자세를 고칠 때마다 출렁이는 물을
떠다니는 체모와
입을 다물지 않는 그의
목소리와
고개를 돌리지 않는 이상
마주할 수밖에 없는
가지런한 치열과 수염이 조금 올라온
하관과 목울대와 곧바로 이어지는 가슴과
그가 자랑스럽게 내보이던
매끄럽게 이어지는 어떤 인체 같은 것을
내가
견딜 수 있었을까?

나는 욕조에서 일어났고 나방의 사체를 두 손으로 떠서 하수구로 흘려보냈다.

변기 덮개를 열자 정액과 소변과 휴지 조각이 섞여 희뿌연 색을 띠는 물이 보였고 그것은 능숙하고 유쾌한 농담을 늘어놓던 그가 나에게 주는 인상과 같았다.

비닐 튜브에 담긴 일회용 여성 청결제의 포장을 뜯으며
아무래도 나는 여자가 맞는 것 같다는 생각을 했고 바디 워시의 펌프를 눌렀지만 비누가 잘 나오지는 않았다.

속았다고 생각해도 될까?
내게 그럴 자격이 있을까?
샤워를 대강 마치고 변기의 물을 다시 내려보았다.

인간이 태어나는 곳과 배설기관이 나란히 붙어 있다는 사실이 신의 유머처럼 느껴졌는데 그건 부연 설명이 필요해서 완전히 실패한 유머였고 질과 항문은 사실 하나도 웃기지 않았다.

가챠 갸루

그녀는 동전을 넣고 레버를 돌린다
뽑기 기계 안에는 다섯 종류의 포켓몬 인형이 있습니다

그녀가 이브이를 원한다고 생각했어
도쿄의 여름은 미칠 듯이 더웠고 짐작은 언제나 간단하니까

이브이는 불안정한 유전자를 가지고 태어나 모든 타입으로 진화할 수 있는 포켓몬입니다
무한한 가능성과 미래를 가진 어린아이를 모티브로 만들어졌습니다
사막여우를 닮은 이브이, 꼬리가 통통한 이브이
진화하는 이브이

그녀는 동전을 넣고 레버를 돌린다
덜컹, 하며 캡슐이 아래로 떨어진다

무엇이든 될 수 있다는 것은 아무것도 아니라는 뜻인데
방사선의 본질은 어디든지 침투해 들어갈 수 있다는 것

그녀는 슬쩍 훑어보는 것만으로 내가 관광객임을 쉽게 짐작한 것 같았다
그녀의 텅 빈 눈빛이 나의 원자구조를 바꾸고
그런 방식으로만 진화하는
이브이

그녀는 불완전한 인생을 살아왔고 모든 종류의 정신병을 어느 정도씩 가지고 있는 가출 소녀일지도 모릅니다
그녀에게 붙일 수 있는 질병 코드는 무궁무진할 거야

그녀는 이민 간 사촌 언니로도 갱년기를 맞아 식은땀을 흘리는 엄마로도 진화할 수 있다
가장 미워하던 친구로도 고관절이 부러진 우리 할머니로도
수업 시간에 눈 화장을 고치다가 학부모의 항의 전화를 받고 잘렸던 기간제 영어 선생님으로도 진화할 수 있다
이과두주와 수면제를 믹서기에 갈아 마시고 위세척을

하러 실려 가던 스물두 살의 나로 진화할 수도 있고

저 선생님 진짜 미친년 같지 않아?라고 물으면
응, 니 미래, 하던 여고 동창들의 웃음소리

그녀는 동전을 넣고 레버를 돌린다
나는 그녀가 분명히 무언가를 원한다고 확신했는데

원했어, 무언가를, 분명히
어쨌든 지금이 아니기만 하면 되는 진화 후의 새로운
삶? 그런 걸 5백 엔으로 살 수는 없었지만

원했어 나는 등굣길에 8톤 트럭에 치여 죽어버리길 바라던 여자애가 가지고 있던 그거 아무리 레버를 돌려도 나오지 않던 그거 영원히 뽑을 수 없는 그거라고밖에 못하는 그거
몬스터볼 안에 구겨 넣고 싶던
무한히 가능하다는 공포
괴물 같은 그거

동전을 넣고 레버를 돌렸다

뽑기 기계 안에는 미래를 기다리는 이브이들이 있었으니까

달그락거리며 떨어지는 캡슐 속에 무엇이 있는지
그녀는 궁금해하지 않았어, 분명히 봤거든
반투명한 플라스틱 캡슐을 곧바로 주머니 속에 넣는 거

근데 원하긴 원했다고, 무언가를, 그건 확실해

시작 노트

망한 노트 견디기

 미루기와 벼락치기는 내 인생을 이루는 유구한 형식이다. 처리해야 할 일이 생기면 나는 강박적으로 계획을 세우고는 한다. 그건 계획이라기보다는 일종의 알고리즘과 같아서, 세세한 단계와 실행 절차, 예상 소요 시간 등으로 이루어져 있다. 모든 사항을 종이에 적어놓으면 안심이 된다. 때로는 들뜨기까지 한다. 이대로만 하면 완벽한 결과를 낼 수 있을지도? 정확히는 모르겠지만 아무튼 엄청난 것이 될지도? 안심이 되니까…… 일단 잔다. 그리하여 계획은 하나도 이행되지 않는다.

 무언가가 완성되어야 하는 날이 온다. 정신이 번쩍 든다. 시작한다. 밤을 새운다. 끝낸다. 자축의 맥주를 한 캔 마신다.

 내 인생의 거의 모든 일은 이런 식으로 진행되어왔다.

 미리미리 준비했다면? 더 좋은 리포트를 쓸 수도 있었을 것이다. 시험에서 더 높은 점수를 받을 수도, 더 나은 연구 계획서를 제출할 수도 있었을 테다. 미리미리 글을 쓰기 시작했다면, 계획대로 초고 쓰기와 퇴고, 완성과 다듬기를 척척 끝냈다면, 더 아름답고 흥미로우며 예술성과 대중성을 동시에 갖춘, 보다 독창적이며 실험적이고 완성도 높은 명작 중의 명작을 세상에 내보일 수도…… 있었을까?

아마 아니겠죠? 지금의 내 삶보다 나아지지는 않았겠죠?

무언가를 마음먹을 때마다 새로운 노트를 샀다. 그것은 중학생 시절부터 이어져온 버릇이자 일종의 의식이었다. 기말고사 준비를 해야지, 하고 산 노트가 열몇 권. 독일어를 배워야 하나, 하고 산 노트가 세 권. 논리학 연습 문제를 풀어봐야지, 하고 산 노트가 두 권. 드로잉 실력을 좀 키워볼까, 하고 산 노트가 네 권. 시를 써야 한다, 하고 산 노트는 셀 수 없이 많음.

끝까지 쓴 노트는 한 권도 없음.

그렇다고 그 많은 노트가 모두 새것인 채로 책장에 꽂혀 있는 것은 아니다. 꼭 맨 앞 한두 페이지에는 빼곡한 계획과 장엄한 다짐, 공부해야 할 교재의 목차 등이 적혀 있다. 날짜별로 가지런히, 내가 구현할 수 있는 가장 똑바른 글씨로. 늘 그렇듯이 인생은 처음 마음먹은 대로 흘러가지 않으므로, 노트는 책상 언저리에 널브러져 있다가 결국 책장 깊숙한 곳에 처박힌다. 가끔 그 노트들을 꺼내 본다. 후회가 된다. 무엇이 후회되는지도 모르겠는, 아주 추상적인 후회가.

노트를 사는 일은 미래를 사는 일이었다. 노트에는 무엇이든지, 얼마든지 적을 수 있었다. 노트를 다 쓰면 나는 지금의 나와는 다른 사람이 되어 있을 것이었다. 노트만큼의 글을 써낸 사람. 그러나 나는 늘 노트의 첫 페이지를 망쳤고 포기했고 방치했으며 실패했고 나는 여전히 나였다.

망친 노트를 다시 꺼내서 끝까지 쓰는 일은 어렵다. 거의 불가능하다고 느껴진다. 첫 단계부터 어그러진 계획표를 다시 꺼내 보는 일이 힘겹듯이. 미루는 시간은 견디는 시간이라고 생각한다. 아무것도 하지 않는 나를 견딘다. 여전히 나인 나를, 그 당연한 나를 견디고, 내가 뭘 견디는지도 모르면서 버티고 참고 내버려둔다. 망한 노트는 사실 망하지 않았는데도, 첫 장에 적힌 무시무시할 정도로 완벽한 계획 따위는 찢어버리면 그만인데도, 나는 끝까지 가는 일이 어렵다.

추천의 말

강동호
유선혜는 시적 문화인류학에 비견될 수 있는 독창적인 방식으로 인간을 날카롭게 해부한다. 그의 시선에 포착된 '모텔'이라는 은밀한 공간은 욕망과 혐오, 익숙과 불쾌가 중첩된 그로테스크한 장소로 드러나며, 인간의 문화가 은폐해온 권태와 허위, 관습의 실상이 폭로되는 시공간으로 변모한다. 인간이라는 종種을 표본처럼 고정하는 날카로운 핀과도 같은 그의 언어는, 삶에 내재하는 부조리와 불가해성을 관찰 가능한 대상으로 적나라하게 전시하는 중이다.

오은
유선혜는 익명의 관계에서 '나'를 찾고자 한다. 익명은 '나'가 선택한 것일 수도 있고 상대가 원하는 것일 수도 있다. 시 쓰는 자아가 익명으로 처리되길 원했을지도 모른다. 익명의 사람들이 관계를 맺기에 모텔만 한 장소가 또 없을 것이다. 다시는 같은 곳을 찾지 않을 사람들이 아무렇지도 않게 흡연하고 가는 장소, 어차피 오래 머물 것이 아니므로 변기 물이 역류해도 무신경하게 나올 수 있는 장소가 바로 모텔이다. 모텔은 기본적으로 '머무는' 장소이지 '사는' 장소가 될 수 없다. 이질적 공간인 모텔에서 상대에게, 또 자기 자신에게 언제부터 인간이었는지 묻는 것은 어찌 보면 당연하다. 우리는 뭔가 어색할 때만 자기 점검을 하게 마련이니까. "권리와 사상과 의무가"(「모텔과 리모컨」) 중요치 않고 "인권도 자유도 양심도 사상도"(「모텔과 인간」) 따지지 않는 장소, 모텔에서 살 수 있는 것은 아이러니하게도 죽은 나방뿐이다.

이수명

유선혜의 시를 읽는 즐거움은 흥분하지 않고 낮게 깔리는 문장에 있다. 지구를 한 바퀴 돌고 난 듯한 냉정한 언어로 그는 모텔이라는 공간에 놓여 있는 오브제들과 쇠락한 성과 인간과 관계를 구석구석 드러낸다. 모텔의 일시성, 주변성, 퇴락한 성을 중심으로 한 산문적 세부 묘사는 허황된 감상을 제어하고 시를 세속의 바닥에 놓이게 한다. 시가 상승과 고양의 기류에 편승하지 않을 수 있을까. 어떤 방식으로든 꿈을 꾸지 않을 수 있을까. 유선혜의 시는 세속을 딛고 고상하게 그 너머를 향하는 시들의 맞은편에서, 마치 여기가 바로 시의 자리라는 듯 세속에 잠겨 있는 존재론을 펼친다. 그 존재는 방충망을 비집고 들어와 "벽에 부딪혀 타닥"대면서 "벽에 날개를 문지르는"(「모텔과 인간」) 나방과 흡사하다.

조연정

유선혜의 최근 '모텔 연작'은 남자와 여자 사이 사랑의 행위를 완벽하게 탈낭만화하여 기술한다. '나'와 '그' 사이에 일어난 행위들은 "완전한 동의가 전제된 자연스러운 사건이"(「모텔과 변기」)자 "합의에 의해 순조롭게 진행된 사건이"라 설명되며, 그것은 "권리와 사상과 의무"(「모텔과 리모컨」) 혹은 "인권과 자유와 양심과 사랑"(「모텔과 인간」)과는 관련이 없는 행위로 그려진다. 애틋한 감정이나 설레는 마음과는 무관한, 마치 인간이라는 종과 종의 만남처럼 묘사되는 행위 속에서 유선혜의 화자는 '여자'와 '인간'에 대해 고민한다. 아니, 여자라는 인간에 대해 고민한다. 모텔 방에서는 견딜 수 없는 냄새들이 진동하고, 눈앞에 마주하고 있는 '그'의 "어떤 인체 같은 것"(「모텔과 변기」)과 "지나치게 인간적인 것들"(「모텔과 인간」)을 참기 힘들어 속았다는 생각이 들지만 동시에 자책감도 느끼는 '나'는, 오히려 너무나 인간적인 인간이 아닐까.

하재연
유선혜의 시가 그리는 풍경은 정확하게 시대적이고 또 세대적이라는 점에서 한국 시의 현재를 짚어보게 하는 가늠자와 같다. 시에 등장하는 인물들의 행위는 지독하게 구체적이고, 인간은 결코 그들이 기다리는 미래로 진화해갈 수 없으리라는 비관은 끔찍하리만치 성실하다. 미래를 꿈꾸기도 했던 세대로부터 명확히 분기하면서, 진화 후의 새로운 삶을 꿈꿀 수 없는 주체들이 유선혜의 시 전면에 등장한다. 삶의 미세한 부분에서 붕괴해가고 있는 그들의 형상에 대한 기록은, 이 시대의 무수한 자신에게 건네는 유선혜식 위로다. 한국의 뉴 제너레이션new generation에 대해 알고 싶으십니까? 유선혜의 시를 읽으십시오.

이실비

2024년 『서울신문』 신춘문예를 통해 작품 활동을 시작했다.

택시

동생은 택시에서 태어났다.

엄마와 나는 7년 동안 택시를 타고 떠돌아다녔다. 7년치 택시비를 낼 수 없어서

택시는 집이 되었다.

택시 기사는 엄마를 조수석에 앉혔다. 나는 뒷좌석에 앉히고. 택시 기사는 뒤돌아보지 않았다.

잘 시간에는 택시를 세우고 문을 잠갔다.
미터기 숫자는 언제나 치솟았다.
미터기는 그러라고 있는 거였다.

택시 기사와 엄마는 시트를 뒤로 젖혀 누워 잤다. 뒷좌석의 나는 엄마의 긴 머리카락을 덮고 웅크려 잤다.

택시 기사는 백미러를 통해서만 나를 보았다. 눈을 마주치려고 하면, 나는 엄마의 머리카락을 내 정수리 끝까지 덮어 눈을 숨겼다. 그리고

언젠가 창밖으로 스치듯 봤던 것을 생각했다. 양팔을 벌려 아무것도 걸치지 않고 한자리에 서 있을 수 있는 것. *그것을 풍차라 부른단 걸 나는 나중에 알게 된다.* 언젠가 그렇게 살아야지. 아주 오래 바람을 맞아야지. 날리는 머리카락. 털. 내가 가진 모든 털이 거추장스럽겠다. 미리 뽑아야겠다. 나는 엄마의 머리카락을 덮고 밤새 나의 털을 손톱으로 하나씩 뽑곤 했다.

여동생이 생겼다.

동생이 태어나자마자 택시 기사는 이제 내가 필요 없으니 택시에서 내려도 좋다고 했다. 기사가 택시를 잠깐 세우자 엄마는 나에게 동생을 건네고

택시 기사의 머리를 발로 찼다.

엄마의 머리카락이 내 몸에 엉켜 꽉 조였다.
울었다.
동생은 막 태어났으니 울고.

터널이었다.

택시 기사는 기절하지 않았다.

……278,564,391
……278,564,392

계속 올라가는

미터기 숫자
택시 기사의 주먹

……278,564,393

엄마의 모든 것이 멈췄다.

택시 기사가 동생을 안고 있는 나를 끌어내렸다.

내 몸에 들러붙은 엄마의 머리카락이
찍 끊어졌다.

웅웅웅웅
끽끽끽
택시는 엄마만을 싣고 멀어졌다.

나는 그날 이후로 운 적이 없다. 동생은 지금도 믿는다. 밀린 택시비를 모두 지불하고 엄마가 택시에서 내려 우리를 찾으러 올 거라고.

터널은 축축했다. 무릎을 펴고 넘어진 몸을 일으켜 세웠다. 동생 머리가 휘청일까 가슴에 딱 붙여 안고.

미터기처럼 뛰었다.
미친
긴
터널을 벗어날 때까지. 아무도 마주치지 않았다. 사람 같은 것을 봐도 사람인가? 확신할 수 없었을 테지만. 택시에 있어서만큼은 다른 택시들과 헷갈리지 않고 그 택시를 한눈에 알아볼 자신이
지금도 있다.
열두 살이었다.

셋 넷 둘 둘
다리 다리
다리 다리
빛
빛
터널의 끝. 숨 막히는 숲. 공동묘지.

택시 밖에서 처음 만난 사람들은 죽어 있는 사람들이었다.

아기 동생은 울다 기절한 지 오래였다. 나는 볼록한 어느 무덤의 배에 몸을 기댔다. 이러면 안 되는데 동생을 살펴야 하는데 생각했지만. 그 무덤은 너무 아늑했다.

꿈은
놀이터에서 시작됐다.

갈래머리를 땋은 여자 친구들과 한참을 놀았다. 그건 놀이터 모래밭에 꼿꼿이 서서 아무것도 안 하는 놀이였다. 이게 노는 거야? 근데 그 머리 어떻게 묶은 거야? 내가 묻자마자.

이제 집에 갈 시간! 친구들은 외치며 달려갔다.

골목 사이로 사라졌다. 나는 친구들이 흘린 모래를 쫓아 따라갔다.

골목 끝에

택시가 일렬로 서 있었다.

다녀왔습니다.

친구들은 뒷문을 열고 택시를 탔다.

별장

 눈을 뜨니 동생과 나는 별장에 누워 있었다.

 오래전 도서관이었던 곳이다.
 마지막으로 남은 한 명의 사서가 그곳을 거처로 삼고 있었다.

 택시 밖 사람도 대부분 집이 없었다.
 집이 뭘까?

 도서관은 원래 먹고 자는 곳이 아니야. 사서는 말했다.
 그래서 별장이라고 불렀다.

 사서의 가족은 전부 죽고 공동묘지에 있었다. 동생과 내가 기절해 있던 무덤은 사서의 언니가 묻힌 곳이었다.
 사서는 우리를 데려와 씻기고 먹이고. 씻기고 먹이고. 나도 동생을 재우고 먹이고 재우고 먹이고 그러다 재우고.

마당에 누워 햇볕 아래 살이 타도록 있는 걸 좋아했다.
이곳에 있었던 사서들의 두꺼운 일지를 외울 때까지 읽는 걸 좋아했다.

거기에 적혀 있던 고아들의 인상착의.
나는 창고에서 그와 비슷한 옷을 꺼내 입고 놀았다. 그 놀이는 동생이 크면 같이 하고 싶은 놀이 중 하나였다.

낯선 사람들이 별장에 찾아오면 함부로 웃지 말라고 했다.

사서는 언제나 머리카락이 짧았다. 동생과 나의 머리카락도 어깨를 넘지 않게 했다. 나는 엄마가 너무 보고 싶은 날에는

머리를 기르고 싶어요!
하고 외쳤다.
그렇게 외치는 날이면 사서는 머리카락에 관련된 책을 열 권 읽은 다음, 머리카락을 주제로 독후감을 써서 가져오라고 했다.

나는 독후감이 싫었다.
그건 형벌이었다.

머리를 기른다고 엄마를 닮을 수는 없었다.
엄마를 닮은 건 세상 어디에도 없었다.
심지어 동생까지도

동생은 커지고
나도 커졌다.

나는 점점 털이 많아지기 시작했다. 종아리 허벅지 팔 겨드랑이 인중 손가락 발가락 털 뽑으면 뽑을수록 숱이 불어났.
동생은 털이 하나도 없었다. 가뿐했다.

나는 풍차가 되려고 했는데
바람이 불면 털이 엉켜 세상 모든 찌꺼기가 내 몸에 엉길 것 같았다.

다른 여자들도 나처럼 털이 많을까 궁금했다. 정기간행물실 잡지를 전부 읽었다. 잡지 속 어떤 여자도 나보다 털이 많지는 않았다.

귀와 종

커다란 빗금이 어깨에 꽂혀 겨드랑이로 빠져나왔다

택시를 타고 북촌을 지나가는 도중
신호가 바뀌어 멈춘다 나는 창밖에 있는 의상실을 본다

택시 / 나 / 유리 / / 유리 / 의상실

가까운 얼굴 하나
먼 얼굴 하나
유리에 비친다

더 잘 보이는 얼굴이 내 얼굴이라고 믿는다

마네킹은
자신의 몸이 몸이라 믿고
문을 열고 나온다

수십 개의 시침 핀을 얼굴에 꽂고 나온다

나는 택시 안에 있다

도쿄에서 택시비가 없어 너와 두 시간을 걸었던 날 극단 마마고토의 연극「우리별」을 보고 나왔던 길 우주의 모든 가족 흰옷을 입고 손잡고 둥글게 춤추며 노래하던 탄생과 죽음 너무 좋아 재밌었어 나는 네 어깨를 만지며 웃었지 웃으면서

핵무기를 생각했다

트리니티 실험이 있던 날 인근 야영 지대에서 캠핑을 하던 소녀들은 아무것도 몰랐다
하늘에서 하얗고 포슬포슬한 눈이 내린다며 손을 잡고 원을 그리며 춤을 추었지

전부 서른 살 이전에 죽었다

내일이 내년이

올 거라는 생각으로 옷을 사고 옷을 입고 옷을 세탁하고 옷을 널고 옷을 다리고 옷을 개고 옷을 걸어두고 가장 아끼는 옷을 입고

우에노 공원에서 수첩을 펼쳐 연필로 숫자 3과 0을 크게 적어 너에게 보여주었다 해피 버스데이 투 유! 우리는 손뼉을 쳤다 뜨거워진 너의 손바닥을 내 뺨에 가져다 대면

새똥 냄새가 났다

북촌에서 너무 가깝게 스쳐가는 비둘기 떼와 도무지 모른 척할 수 없을 만큼

커다란 빗금
말을 후려치는 채찍
미터기

마네킹이 택시를 불러 세운다

얼굴에 반짝이는 뾰족한 빛 택시 유리창에 반사된다 가느다랗게

\\\\\\\\\\\\\\\\\\\\\\\\\\\\\\\\
\\\\\\택시 / **나** / 유리 / / 유리 / 의상실\\\\\\
\\\\\\\\\\\\\\\\\\\\\\\\\\\\\\\\

유리창에 뺨을 가져다 대면 피부 밑 핏방울이 순식간에 차가워져

~~테러 전쟁 원자폭탄 해일 지진 질병 지진 해일 원자폭탄 전쟁 테러~~

내 몸을 가득 채우는

뾰족이야
나는 지금 한국이야

너는 두 마리의 새를 기른 적이 있다

새의 이름은

귀와 종
미미와 카네

잘 듣고 잘 울고

네가 처음 비행기를 탔던 날 처음으로
너의 발밑에 격납고가 있었어 너는 기뻐했어 쇳덩이에 몸을 싣고 날아오르는 것에 대해 귀와 종에게 얘기해줄 거라고

날고 날아서
연한 색의 먼지가 될 거라고

그런 말을 지켜

죽은 사람을
기다리면서

잘 울고 잘 듣고

세상의 모든 고통이 이어져 있다고 수첩에 옮겨 적으면

내 얼굴에서
후두둑 떨어지는 시침 핀

마네킹이 택시 문을 열고 동승한다

칠

 일곱 쌍둥이를 낳았었지. 이해해야 했어. 이해? 12월에는 역할을 자처하는 연인들이 손잡고 걸어갔다. 자리를 찾아 떠돌았지. 혼자 영화관에 가서 영화를 보고 싶었다. 어둠 속에서 얼굴을 굶기고 싶어. 하지만 일곱 쌍둥이를 낳았으므로…… 120분 남짓의 시간과 어둠이 주어질 수 있었겠어?

 사거리 교차로에서 자유를 생각했다

 자유와 기다림은 가장 멀리 있다

 이렇게 시작했던 일기장
 마지막 페이지에 적어두었던 것

 자유와 가까이 있는 것은?
 걷기, 흰색, 돌, 수면과 꿈, 처방, 커피, 모래, 담요, 가로

수, 언덕, 연필, 포도, 일기, 수건, 춤, 연극, 스케치, 카레, 고래, 부츠, 정오, 유채꽃, 스스로 감당하기, 새

자유와 멀리 있는 것은?

기다림, 거울, 시계, 유리창, 구두, 등대, 역할, 투자, 소비, 뉴스, 명함, 담배, 플라스틱, 비행기, 주머니, 담장, 장갑, 은행, 숫자, 우산, 카메라, 신발장, 성냥, 메일, 호수

이해하고 싶었던 것들이 등 뒤에 서서
수만 개의 손가락을 펼치고 나를 밀쳐 넘어뜨릴 준비를 하고 있었지

예쁜 소문들 소문이라는 이름의 아이들 나는 곤충에게만 친절한 사람 걷고 걷다가 걸음을 포기한 사람 인공분수 앞에 앉아 밤 11시에 당신을 생각했다 당신 아이는 20개월이 넘도록 걷지 못했다 사람들은 더는 그것에 관심이 없다 당신 아이는 이제 걷는가? 당신 아이는 이제 학교에 다니는가? 당신 아이가 당신처럼 걸어서 학교에 가는 것을 상상해본다 당신 아이가 내 아이라고 착각하던 고향 사람들 그들은 아직 아이를 낳고 싶은가?

칠순을 넘긴

여자들에게 둘러싸여 국화차를 끓였다 나는 일곱 쌍둥이 이야기를 했다 어떤 여자가 내게 불쌍하다고 했다 나를 보는 얼굴이 진심으로 안타까워 보여 그를 안아주었다 그리고 이렇게 말했다

당신 자식이 당신에게 했던 모든 말을 모아 만들어진 몸이

나라고 생각해요

바람과 양각
물레
쌓아 올리고 무너뜨리는
두꺼비집

내 일곱 쌍둥이는 거기 산다

너 괜찮아? 그렇게 묻는 사람들끼리 합정역 3번 출구에서 만나 인사하고 나는 사랑하는 곤충에게 편지를 쓰고 있다 열심히 갈 수 있지?

수근거림? 거울? 체크무늬? 소나타? 마스킹 테이프? 이집트? 라테? 젓가락? 고목나무? 바리케이드?

시작 노트

고막에서 시작되는 바느질

 의상실 앞에 멈춰 선다. 유리창에 비치는 너에 대해 쓴다. 창 앞에 서 있는 네 등 뒤로 여자들이 지나간다. 수십 개의 시침 핀을 얼굴에 꽂고 맨발로 뛰어가는 여자들. 또는 아주 느린 속도로 학교 앞을 걷는 여자들. 여자들이 지나간 골목마다 조용히 돋아나 있는 바늘. 그것들이 해를 따라 천천히 각도를 움직여 네가 서 있는 곳을 가리킨다. 시간은 네 등 뒤에 바짝 다가와 있다. 굽은 등. 뾰족한 것은 둥근 것을 향한다. 너는 시침 핀이 꽂혀 있던 네 피부를, 촘촘한 구멍을 만져본다. 손톱은 차가움을 기억하기에 좋다.

 너는 다른 여자들과 뺨을 맞대고 서로의 고막에서 시작되는 바느질 소리를 듣곤 했다. 귓속에 머물다 이내 파고드는 실에는 아주 작은 글씨가 씌어져 있었다. 그 글씨. 그 문장을 너는 기억한다. 너는 그 문장을 다른 여자에게 말한 적 없다(다른 여자도 자신의 실에 적힌 문장을 네게 말한 적 없다). 문장은 네 귓속에만 머물며 너를 떠나지 않았다. 한 땀 한 땀 고막에 새겨진 너의 실.

 어린 시절, 너는 귓속을 열어 주차장을 만들었다. 동물의 눈을 닮은 자동차들. 헤드라이트가 끔뻑거리는 소리를 너는 좋아했다. 넓은 이마가 필요하다면 기꺼이 내주었다. 시동 소리를 흘리며 자동차들은 네 귓속에 침입했다가 사라졌다. 네 이마를 한 꺼풀 벗겨내면 아직도 바큇자국이 남아 있다. 네가 그 자국을 자랑스레 여겼을 때까지만 너의 어린 시절이다. 그 이후에는 아무도 너의 주차장을 이용하지 않았다. 너는 온몸을 교차로처럼 펼쳐놓고 기다렸다. 기어이 밟고 지나갈 것을, 너에게 자국 낼 것을 기다리는 일이 기쁨이고 두려움인 줄 알았다.

하지만 기다리는 일은 너를 진실로 겁먹게 만든 적이 없다. 기다리는 일을 견딜 수 없었던 것뿐이라고 너는 알아챘다.
네가 정말로 무서워했던 것은
수십 개의 시침 핀이 네 얼굴에 박혔던 날. 너는 걷고 걷다가 택시를 탔다. 하늘에선 비행기가 떨어지고 있었다. 죽은 가족들이 죽은 개와 죽은 닭의 얼굴을 하고 너를 따라다녔다. 그때 네 얼굴은 시침 핀으로 단단히 고정되어 눈물이 흐르지 않았다. 너는 택시를 타고 계속해서 갔다. 창밖으로 소들이 음머음머 우는 소리가 들리고 눈이 먼 경주마들은 너와 나란히 달리고 있었다. 택시에선 라디오 소리가 흘러나오고 있었다. 라디오 진행자는 누구의 사연도 읽지 않고 계속해서 자신의 이야기만 했다. 자신이 겪은 고통과 슬픔을 담담하게 그러나 쉬지 않고 쏟아냈다. 너는 라디오 소리를 줄이거나 꺼달라고 내게 말하지 않았다. 나는 너를 태우고 돌아다녔던 택시 기사. 나는 너와 가장 처음 뺨을 맞대고 바느질 소리를 나누었던 여자.

고막에 새겨지는 너의 실에는 거짓말이 없다. 그렇다면 나의 실에는?
나는 너의 지독한 사연을 옮겨 적어 라디오에 제보한 적이 있다. 온몸이 꿰어져 꼼짝없이 운전대만 붙잡고 있던 내가, 너를 만나고 마구 써댔다. 나는 내 이마에 새겨진 바큇자국을 따라 돌아다녔던 사람. 나는 너를 태우고 계속해서 가는 동안 언젠가는 네가 너의 이야기를 다른 사람의 입을 통해서 듣기를, 너의 고통이 건조하게 읊어지는 순간을 네가 만나기를 진심으로 바랐다. 나는 그런 소원이 나의 실이라고 믿었다.

하지만 네 얼굴에서 마침내 시침 핀이 후두둑 쏟아지고 네가 택시에서 내렸던 날. 너의 둥근 뺨에 맺힌 핏방울. 그 사이마다 튀어나온 실밥을 보고 나는 네가 더는 너의 어린 시절과 같지 않다는 것을 깨달았다. 너는 내가 처음에 만났던 여자가 아니다. 너는 나에게 최초의 주차장을 빌려주었던 여자애가 아니다.

너는 의상실 앞에 서 있다. 너는 너와 닮은 마네킹을 보며 함부로 연민하지 않는다. 너는 네가 어떻게 서 있는지, 네가 다음 골목으로 언제 갈 것인지를 생각한다. 나는 귓속에 손가락을 집어넣어 고막에 꿰어져 있는 내 실을 잡아 뺀다. 택시 창밖으로 던지고 너를 스쳐 지나간다.

추천의 말

강동호

이실비의 시는 잔혹 동화 같은 내러티브 연작을 통해 폭력과 상실 그리고 불가능한 귀환의 모티프가 야기하는 고독과 아픔을 형상화한다. 특히 '택시'라는 움직이는 시공간을 중심으로, 날카로운 문장들로 전개되는 그의 시적 드라마는 늘 불안정한 상태로 정처 없이 배회할 수밖에 없는 삶의 편린들을 생생하고도 그로테스크하게 감각하도록 만든다. 중요한 사실은 지독하게 내밀한 그의 고통이 마침내 우리를, 세상의 모든 고통이 연쇄적으로 이어져 있는 통각痛覺의 자리로 이끈다는 점이다.

오은

이실비의 시에 등장하고 언급되는 이는 여럿이지만, 시적 화자는 늘 혼자다. "갈래머리를 땋은 여자 친구들"(「택시」)이 있어도, "동생은 커지고/나도 커졌"(「별장」)어도, "일곱 쌍둥이를 낳았"(「칠」)어도 '나'는 누구에게도, 어디에도 속하지 못한다. 시 속 '나'는 택시 안에서도 밖에서도 환영받지 못하며 머리 기르기를 욕망하지도 못한다. 택시나 별장이 거처가 될 수 없고 북촌이나 도쿄가 고향이 될 수 없기에, '나'는 자꾸만 증명하려 든다. 안에 있다고, 한국에 있다고, 독후감이 싫다고. 이해하고 싶은 마음과 이해받고 싶은 마음이 서로 닮았듯, '나'가 눈길을 주는 대상은 시적 화자의 페르소나인 '마네킹'이다. 눈 코 입이 없는 마네킹은 '나'를 대신해 택시를 세우고 문을 연다. 사람 같은 것보다 마네킹이 훨씬 더 인간적이다. 다녀오지 않는 이상, '나'가 여전히 도중에 있는 이상, 이 시들은 계속될 것이다. 꺼질 줄 모르는 미터기처럼.

이수명
다양하게 충돌하는 상상의 시차를 한 공간 안에 꾸려 넣는 것은 주목할 만한 재능이다. 이실비의 공간 모티프는 가족, 성, 착취, 제도, 위계의 문제들과 부딪치면서 기이한 이미지들로 섞인다. 그리고 이 안에서 인물들의 역학과 동선도 복잡하게 얽혀든다. 택시의 "뒷좌석에 앉"혀지고 곧 "끌어내"려지는 '나'와, "뒷문을 열고 택시를"(「택시」) 타는 '친구들' 사이에는 어떤 차이가 있는가. 눈을 뜨니 별장에 누워 있었지만 "오래전 도서관이었던 곳". 그곳은 "기절해 있던 무덤"(「별장」)과 병치된다. 공간, 인물, 행위, 사건들의 복합적이고 입체적인 뒤틀림이 발생하는 곳에서 시는 파열하고 새로운 출구를 찾는다.

조연정
택시에서 태어난 동생, 풍차가 되고 싶었던 소녀, 세상에서 털이 가장 많은 여자, 수십 개의 시침 핀을 얼굴에 꽂은 채 유리문을 열고 나오는 마네킹, 일곱 쌍둥이를 낳은 여자 등, 이실비의 시에서는 낯선 이미지들과 그 배치가 시 읽기의 집중도를 높인다. 잔혹동화처럼, 악몽처럼 펼쳐지는 이야기들 속에 시인은 온갖 고통스러운 감정들을 숨겨놓고 있다. "너의 고통이 건조하게 읊어지는 순간을 네가 만나기를 진심으로 바랐다"(시작 노트 「고막에서 시작되는 바느질」)라는 시인의 말 속에 이실비의 시 속 비밀이 숨겨져 있는 듯하다. 건조하게 읊어진 고통을 마주하는 것이 결코 극복의 동의어가 될 수 없다는 사실을, 이실비의 시를 읽으며 새삼 슬프게 환기한다.

하재연

이실비의 시 속에서 팔루스(phallus, 남근)적 폭력은, 치솟는 미터기의 숫자들과 핵무기로 표상된다. 돌아갈 집을 지니지 못한 채 택시에 실려 다니거나 택시비가 없어 걸어야 하는 주체들이 직면하는 범지구적 폭력의 형상을 이보다 더 적확하게 포착해낼 수 있을까? 시인은 폭력에 의해 발생하는 고통들에 대해, "미미" "귀"와 "카네" "종"처럼 잘 듣고 잘 울고자 한다. 폭력의 장소에서 또 다른 폭력의 장소로 이동하는 택시에 태워져 흔들리며, 유리창에 비친 "수십 개의 시침 핀을" 꽂은 것 같은 얼굴들의 고통에 감응한다. "내일"과 "내년이"(「귀와 종」) 오리라는 믿음을 상실해가는 우리에게 이실비의 시가 보여주는 이해와 감응의 어법은, "너 괜찮아?"(「칠」)라고 열심히 물어왔던, 우리가 사랑해온 여자들의 목소리를 닮았다.

한여진

_____

2019년 문학동네신인상을 통해 작품 활동을 시작했다.
시집 『두부를 구우면 겨울이 온다』 등이 있다.

바람은 높은 곳에서 낮은 곳으로 흐르고 사람은

그때 나는 할머니 손 잡고
진달래 콸콸 흘러내리는 산 오르던 중이었다
오래전 사라졌다던 배들도 바삐 산 오르는데

종이배 나무배 고래배 꽃배 흙배
다 너를 보러 왔단다, 할머니가 말했다

앞으로 나는 프랑스어를 배울 것이다 그리고 제철 나물을 그리고 인공 무릎을 5백 살 팽나무를 선원들의 돌림노래와 나비매듭을

그것들을 다 모으면 집을 지을 것이다 뜨끈한 방바닥에는 고구마와 토란을 숨겨놓을 것이다 그런데, 할머니…… 삶은 어떻게 살아야 해, 물으면

아주 바싹 찰싹 꽁꽁 붙들어야지

그때부터 나 뭔지도 모르면서 물고 늘어지는 법을 배웠지 넓고 까만 할머니의 등에 찰싹 붙어 놀았지 그곳은 비릿한 바다 냄새 가득하고

언젠가 배들은 그 앞에서 일제히 멈추었다 그때 우리는 아흔아홉번째 산을 넘는 중이었는데 그 세상에는 낮과 그림자가, 밤과 순례자가, 씨앗과 우산이 있었다

잘 봐, 다 너를 위한 거란다, 할머니가 내 등을 떠밀었다
나는 웅어리가 되어 높낮이 없는 음이 되어 구른다 내가 모르는 곳으로

눈뜨면 탯줄이 내 목을 조르고 있다

어디선가 부는 바람
어디에도 없는 희읍한 기억

사운드트랙

지금 강원도에는 눈이 내리고요
다음 곡 듣겠습니다

*

쌍둥이 자매를 둔 어머니가 보내온 사연입니다

*

거기에도 눈이 내린다지요
제 목소리 들리시나요
……노래 하나 듣겠습니다

*

오늘 같은 날에는 유독 잊어버린 것들이 떠오릅니다

예를 들면…… 집으로 가는 길

*

나 살아 있는 사람들의 사연을 듣다 잠시
졸았나

엄마, 엄마
언니, 언니
불러도 집에는 아무도 없고

아무도 없는 집은 왠지 낯설어서
이 방 저 방 기웃거리다 문지방을 밟았다

아, 이럴 땐 어떻게 해야 하더라

나쁜 것들을 잊기 위해
꿈속에서 모은 사연들로 밥을 지어 먹었다

비릿한 풋콩의 맛
배부르니 또 잠 쏟아진다

어디선가 베틀 소리 들리고
빈집에는 길쌈하는 이 없는데

저절로 돌아가는 베틀과
하얀 천에는 하얀 자수 화려하다

낙산사의 해당화
금강산의 금강야차
창도군의 꿩과 사슴

손바닥으로 쓸어보며
이게 다 언제 적 이야기일까

모든 아이는 죄와 함께 태어난다고 했다

장독대 깨서 까만 간장 국물로 흰 눈밭을 어지럽힌 일
하도 울어서 소매 끝이 다 닳아버린 일
계란 껍데기를 잘못 삼켜 잠시 숨이 멎은 일
뜨거운 바닷물에 들어가 차가운 몸으로 나온 일
대관령을 달리던 자동차와 함께 산산조각이 난 일

그 모든 것이 다 나의 일이었음을,

그래서 아이는 죄와 함께 멀리,

엄마랑 언니랑 나
우리는 셋 이 집의 방은 다섯
남은 것들로는 무엇을 할 수 있나
누군가 알려주면 좋을 텐데
누군가 집까지 바래다주면 좋을 텐데

(주파수 조정하는 소리)

여기는 엄마의 꿈이에요 언니의 꿈이에요
꿈에서 문지방 밟거들랑 그 꿈 나에게 팔아요

하얀 자수 수놓은 하얀 옷 완성되면
나 얼른 입고 집으로 돌아갈게요

(다시 주파수 조정하는 소리)

베틀이 멈춘다

식탁 위에 올려둔 하얀 호빵 하나
사라진 일
누군가 눈치채길 바라며

*

이제야 오셨군요
오래 기다렸어요
노래 한 소절 들려드릴까요?

*

 (라디오에서는 웃고 떠드는 소리, 뉴스 속보, 인터뷰, 심층 토론, 폭설 주의보, 보험 광고, 영화 광고, '다들 안전한 귀갓길 되세요'라는 디제이의 목소리.)

작은 인간들의 무덤

손으로 한참을 주무르더니
덩어리 하나를 들이민다

내가 죽으면 같이 묻어줘

얼마 살아보지도 않은 작은 인간이
죽는 게 뭔지나 알고 저러나 싶었다

나란히 늘어나는 붉은 찰흙 인형들

인형을 묻을 땐 꼭 인형의 장례식을 치러줘야 한단다
그땐 인형의 인형을 함께 묻어야 하고 또 그 인형의 인형
에게도 장례식은 필요하니까……

수십 번의 장례가 예정되어 있었다

자세히 보니 작은 인간은 덩어리 하나를 둘로 나누어 큰 것으로는 인형을 만들고 작은 건 다시 둘로 나누어 그중 큰 것으로 인형을 만들고 작은 건 또다시……

인형이 늘어나고 있었다

그것들이 다 누구냐고 물으니
작은 인간이 나,라고 답한다

환대

이름을 알려달라 했는데
그저 빙그레 웃을 뿐이어서

마당 한가운데로 돌을 던졌다
괜스레 심통을 부렸다

한번 이름을 들어버리면
그 전으로는 돌아갈 수 없지요

돌아보니 어릴 적 나를 받았다는 산파였다
그건 몇 번째 생이었더라

과연, 이름은 가장 강력한 예언이었다
끝날 때까지 벗어던질 수 없던 생

할머니는 내 이름 기억나?

내가 어떻게 살다 죽었는지?

마당에는 사람들이 모여 있다

남의 집 애들 크는 속도 좀 봐요. 어르신, 오래 사셔야 합니다. 그런 건 나중에 생각하자고. 또 올게, 엄마. 접이식 테이블은 창고에 있어요. 바로 이곳에서 부인께서는 남편분에게 목 졸려 살해당하셨습니다. 거 그만 좀 뛰래도. 전통과 혁신 사이의 균형이란 말이죠. 선물 포장이 아직 덜 되었는데요. 저 오살할 놈, 염병할 놈. 정말 유감입니다. 난 골덴 바지 입기 싫다니까. 자기야, 사씨 아저씨네에 이것 좀 가져다줘.

소란이 끝났을 때 마당은 텅 비어 있었다

아직 이름은 떠오르지 않았다

모두 잠시 쉬어가는 중이다

시작 노트

아무도 보이지 않지만 낮은 휘파람이 들려오는 유치원

아이를 낳지 않을 것이다.

이 생각을 언제부터 했더라. 어릴 적 우리 집은 유치원을 했다. 생활에 보탬이 되고자 부모가 시작한 일이었다. 평범한 가정집이 이웃들이 맡긴 아이들로 온종일 북적였다. 주인집 딸이라는 이유로 나는 아이 역할을 마음껏 누리는 대신 나보다 조그만 아이들을 돌봐야 할 의무를 지니게 되었다. 갓난아이부터 나와 같은 또래까지 그들은 매 순간 최선을 다해 살았다(먹고 놀고 비우고 잊기). 아이들만큼 삶을 즐길 줄 아는 이들은 없다. 저녁이 되어서야 나를 졸졸 쫓아다니는 아이들로부터 벗어나 자유의 몸이 될 수 있었다. 마지막 아이의 부모와 함께 정적이 찾아온다. 그건 달콤한 동시에 고통스러웠다. 이 감정이 뭔지 그때는 알지 못했지만…… 나는 아이를 낳기도 전에 아이를 잃는 경험을 했다.

죽은 내 아이의 얼굴을 나는 안다.

언젠가부터 거울 속의 얼굴이 낯설어 잘 들여다보지 않는다.

무표정은 무언가 복잡한 것을 감추기 위한 겉옷이다. 옷을 벗으면 잔잔한 슬픔, 분노, 희망, 절망 그리고 죽은 내가 서로 엉겨 붙어 있다. 마치 처음부터 하나였던 것처럼 징그럽게. 누가 너를 죽였어,라고 묻는다면 뭐라 답해야 할까. 혐오와 차별과 갑질과 폭력 앞에서 입 다물라던 사람들이, 세상이 원래 그런 거라고 말하던 사람들이, 그리고 결국 그렇게 되지 못한 내가 나를 죽였지. 하지만 내가 죽임을 당한 만큼 나도 기어코 누군가를 죽여왔을 것이다.

돌이켜보면 나는 나에게 일어났던 일조차 이해하지 못했다. 삶의 고난 대부분 앞에서 그것을 극복하고 성장하는 대신 나는 나의 일부를 죽이는 방식으로 살아남았다. 매일 내가 조금씩 살아가는/죽어가는 동안 '내 아이'라고 부를 수도 있었을 무언가도 탄생과 죽음을 반복했다. 손때로 얼룩덜룩한 거울에 흐리멍덩한 얼굴 하나가 떠올랐다가 뭉개진다. 낳지 않은 내 아이, 이미 죽은 내 아이의 얼굴을 알 것만 같다.

그 아이를 영원히 생각한다.

그러고 보면 아이를 낳고 싶어 하는 여성도 아이를 낳고 싶어 하지 않는 여성도 모두 아이에 대해 생각한다. 나는 왜 나의 아이를 원하는가 또는 원하지 않는가. 결국 아이를 낳을 수 있는 가능성 때문이다. 그 때문에 우리는 아이를 낳거나 아이를 낳지 않는 사람이 된다. 가능성이 스쳐 지나간 몸, 가능성을 지니고 사는 몸은 어떻게 되는가. 하지만 우리 모두와 마찬가지로 그 아이는 (상상 속에 존재하건 실제로 존재하건) 언젠가 이 세상 누군가의 기억에서 사라질 아이다. 또 내가 아직 살아 있는 한, 나의 낳지 않은/이미 죽은 아이는 나와 영원히 함께한다.

그리고 없는 아이를 나는 사랑하겠지.

그 아이의 취향, 콧노래, 독후감, 손때 묻은 장난감, 쓰지 않고 모아둔 편지지들, 첫사랑, 영민함, 아둔함, 깜찍함, 끔찍함, 거짓말, 변명, 우울, 증오까지. 모두 나 자신의 일부임을 깨닫는다. 그러니 나는 나를 되풀이할 자신이 없다. 이미 실패한 내가, 죽은 내가, 죽은 나의 아이와 함께 내 안에 웅숭그리며 살고 있다. 내 집은 아직도 유치원이다. 수많은 나와 나의 아이가 계속 머무는 삶과 죽음 사이 어딘가이다.

오래전 죽은 내 아이를 만났다.

퇴근길 지하철이었다. 한 여자가 자신과 비슷한 눈매를 지닌 아이를 안고 있었다. 나는 그들에게서 어떤 '증후'를 찾고자 하는 개인적 욕망에 사로잡혀 눈을 떼지 못했다. 아이는 품에 파묻히기에는 조금 커서 엄마의 어깨 너머로 목을 쭉 내밀고 세상 구경을 하고 있었다. 서로 반대 방향을 바라보고 있는 저 둘은 서로의 표정을 모른다. 고개를 돌렸을 땐 내 창백한 얼굴이 지하철 유리문에 떠올랐고 나는 그 아이를 단번에 알아보았다.

추천의 말

강동호

한여진의 시는 타인의 사연에 귀 기울이는 청각적 감각에서 출발한다. 일상의 소소한 대화로부터 시작된 장면은 어느새 신화적이고도 몽환적인 분위기를 자아내며, '할머니'로부터 이어지는 여성적 계보 속에서 전해진 이야기는 강렬한 현전성을 불러일으킨다. 서정시의 테두리에 놓여 있으면서도 이를 마술적으로 변주하는 그의 시는 타인의 목소리에 귀 기울이는 환대의 태도를 통해 이름 없는 존재들의 목소리를 끌어안는 새로운 서정적 윤리를 열어 보인다.

오은

한여진의 시는 작고 낮은 곳을 향한다. 작고 낮은 곳은 자연히 깊이를 갖게 되고, 이는 그의 시편이 아득하게 느껴지는 결정적 이유이기도 하다. 그의 시가 '태어나던 순간'을 향해 있어서일까, 시 속에서 펼쳐지는 사건은 현재진행형일지라도 흡사 옛날 일처럼 느껴진다. 작은 존재는 어느새 자라 어른이 되었지만, 그 어른은 어디선가 바람만 불어와도, 라디오를 들으면서도, 인형이나 텅 빈 마당을 보면서도 자연스럽게 유년기를 길어 올린다. 그 시절의 무수한 '나'가 모여야 지금의 '나'가 삶을 잘 살 수 있다고 믿는 것처럼, "내가 모르는 곳으로" 가는 여정에 과거는 역설적으로 청사

진이 되어준다. "삶은 어떻게 살아야 해"라는 손녀의 질문에 대한 "아주 바싹 찰싹 꽁꽁 붙들어야지"(「바람은 높은 곳에서 낮은 곳으로 흐르고 사람은」)라는 할머니의 답변은, 그때나 지금이나 뒷날에나 버팀돌이 되어줄 것이다.

이수명
세상에 돌을 던지고 타격을 가하는 방식이 아니라 세상의 내력을 들여다보고 듣고 상상하는 방식으로 씌어진 것이 한여진의 시다. 시의 화자가 할머니의 이야기에 귀를 기울이거나 엄마, 언니를 떠올리는 것은 이 세계의 크기를 확대하고 자신을 작은 지점이 되게 함으로써 세계를 신비로 세우기 위함이다. 자연과 삶과 사건 들을 바라보는 억제된 '작은 인간'이 나타난 것이다. 이 '작은 인간'은 복잡한 이해에 이르지 않는다. "내가 모르는 곳으로"(「바람은 높은 곳에서 낮은 곳으로 흐르고 사람은」), "인형이 늘어나고 있었다"(「작은 인간들의 무덤」), "마당은 텅 비어 있었다" 등의 표현이 보여주듯 이해에 거리를 둠으로써 세계를 흘러가게 내버려둔다. 터치하지 않는다. 이 최소한의 미학으로 우리는 "모두 잠시 쉬어 가는 중"(「환대」)일 따름이다.

조연정

모든 시는 단어와 문장 사이로 빠져나가는 부재를 그리워한다. 달리 말하면 시는 단어와 문장으로 붙잡을 수 있는 세계의 모든 가능성을 쓰고자 한다. 가능성이라는 말은 보통 도래할 미래와 맞닿아 있지만 한여진의 시는 대체로 과거의 시공간 속에 있다. 그리고 그곳에는 보통 '나'가 부재한다. 자신이 부재하는 특정한 시공간의 가능성에 대한 상상이 한여진의 시의 많은 부분을 차지한다고 볼 수 있는 것이다. 그런데 '나'가 없는, 즉 '나'가 떠나온 특정한 공간을 상상하는 일은 비교적 어렵지 않지만, 이미 '나'가 경험했음에도 그 시간들 속에서 '나'를 삭제해보는 일은 모호하고 애매하다. 과거를 그리는 한여진의 시가 익숙한 그리움의 정서를 자아내기보다 생경한 분위기를 만들어내는 것은 이러한 이유 때문이다.

하재연

한여진의 시에는 굽이굽이 아득하고 오랜 삶과 죽음의 이야기가 서려 있다. 그리운 할머니의 목소리나 어려서 죽은 아기 귀신의 목소리로 우리를 유원한 시공간으로 데려간다. 독특한 시의 음색을 듣다 보면, 닫혀 있던 오감과 여섯번째 감각마저 열리는 듯하다. 잃어버린 시간을 찾는 것과 같이, 남의 귀한 꿈을 흰 비단 폭에 담아 사는 것과 같이, 반갑고 그립지만 또 동시에 무섭고 외로운 감각들이다. 우리의 삶에는 예정된 끝, 즉 죽음이 항시 존재한다. 꼭 물리적 죽음이 아니더라도 우리는 크고 작은 존재의 죽음을 도처에서 경험한다. 거기에 침식되어 소멸하지 않기 위해 유사죽음을 체험하기. 그리고 무수하게 다시 살아나(내)기. 한여진의 시가 갖는 주술과도 같은 이야기의 힘은 이 살아남(냄)에서 비롯한다.

〈시 보다〉 기획의 말

 시의 시대가 사라져버린 것 같던 시간 속에서 젊은 시인들과 그들의 낯선 감각을 다시 읽어준 독자들이 출현했다는 것은 기적이 아니다. 모든 헛된 풍문을 뚫고 한국문학의 심층에서는 본 적 없는 시 쓰기와 시 읽기가 끊임없이 시도되고 있었다. 〈시 보다〉는 시 쓰기의 극점에 있는 젊은 시 언어의 운동에너지만을 주목하고자 한다. 1년에 한 번 이루어지는 이 작은 축제는 선별의 작업이 아니라, 한국 시를 둘러싼 예감을 함께 나누는 문학적 우정의 자리이다. 우리가 체험하는 것은 젊은 시인들의 이름 너머에서 꿈틀거리는 '시'라는 사건 자체이다. 시인은 동시대가 소유한 이름이 아니라, 동시대의 감각을 발명하는 존재이다. 시는 도래할 언어의 순간에 먼저 도착해 우리를 기다리고 있다. 지금 '시 보다'라는 행위는 시'보다' 더 고요하고 격렬한 세계를 열어준다.

　　　　　　　　　　선정위원 강동호 오은 이수명 조연정 하재연